AF554561

PUBLIÉ SOUS LA DIRECTION

DU

2e BUREAU DE L'ÉTAT-MAJOR DE L'ARMÉE

L'ARMÉE JAPONAISE

EN 1908

PAR

le Capitaine breveté R. BLUZET

OFFICIER D'ORDONNANCE DU MINISTRE DE LA GUERRE

DÉTACHÉ A L'ÉTAT-MAJOR PARTICULIER DU MINISTRE DE LA MARINE.

PARIS

LIBRAIRIE MILITAIRE R. CHAPELOT ET Cie

IMPRIMEURS-ÉDITEURS

30, Rue et Passage Dauphine, 30

1908

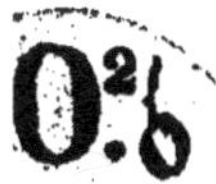

L'ARMÉE JAPONAISE

EN 1908

PARIS. — IMPRIMERIE R. CHAPELOT ET Cᵉ, 2, RUE CHRISTINE.

PUBLIÉ SOUS LA DIRECTION
DU
2e BUREAU DE L'ÉTAT-MAJOR DE L'ARMÉE

L'ARMÉE JAPONAISE
EN 1908

PAR

le Capitaine breveté R. BLUZET

OFFICIER D'ORDONNANCE DU MINISTRE DE LA GUERRE
DÉTACHÉ A L'ÉTAT-MAJOR PARTICULIER DU MINISTRE DE LA MARINE.

PARIS
LIBRAIRIE MILITAIRE R. CHAPELOT ET Cie
IMPRIMEURS-ÉDITEURS
30, Rue et Passage Dauphine, 30

1908

L'ARMÉE JAPONAISE

EN 1908

Les succès que le Japon remporta au cours de la dernière guerre ne semblent pas avoir inauguré pour cet Empire l'ère de repos à laquelle il aurait pu prétendre. Jamais, et l'on pourrait presque dire dans aucun pays, la préparation à la guerre ne fut l'objet de plus de soins et n'exigea le consentement à plus de sacrifices que ceux qu'on demande actuellement au peuple japonais.

Le Parlement a voté en 1907 un plan de réorganisation de l'armée, plan qui — en théorie — doit se poursuivre pendant un certain nombre d'années. — La somme de 170 millions de yen (442 millions de francs) qui a été votée pour mener à bien cette réorganisation, doit être répartie en onze annuités, mais à partir de 1913, les dépenses prévues sont insignifiantes.

Il est vrai que tout dernièrement, sous la pression de nécessités financières des plus graves, le Ministre de la guerre a accepté sur ses budgets futurs des réductions importantes qui, réparties jusqu'à l'exercice 1910-1911 atteindront au total 25 millions de yen (1), au titre des constructions de la guerre et 12 millions de yen au titre

(1) 1 yen = 2 fr. 50.

de la réorganisation de l'armée; mais les réductions seront plus apparentes que réelles.

Il n'en reste pas moins évident que le Gouvernement japonais, décidé à réaliser son programme de réorganisation et d'augmentation de l'armée, — saura, comme il a déjà su le faire au lendemain de la guerre avec la Chine en 1896, — mener ce programme à bien et rapidement, beaucoup plus rapidement sans doute qu'on ne l'a officiellement déclaré.

Cette réorganisation comporte la création d'unités nouvelles. Combien de ces unités sont déjà créées? A quel degré d'achèvement est déjà arrivé le projet de réorganisation? Il est très difficile d'avoir des notions exactes à ce sujet. On sait qu'au Japon, rien de ce qui regarde l'armée ne fait l'objet de communications officielles. Tout y est secret militaire.

Mais ce que l'on peut dire, c'est que si toutes les unités nouvelles ne sont pas encore constituées, elles le seront dans le plus bref délai; les deux nouvelles divisions, d'ailleurs, comprennent une forte proportion d'anciens régiments. Ce qui est certain de plus, c'est qu'en cas de conflit prochain, les nouvelles unités seraient immédiatement mises sur pied. Nous admettrons donc que l'armée existe actuellement dans l'état prévu par le projet de réorganisation.

C'est cette organisation nouvelle que nous nous proposons d'étudier ici, au moment où l'attention du monde entier semble de plus en plus attirée vers ce qui se passe dans cet Extrême-Orient où tant de conflits encore sont latents.

Cette étude comportera deux parties : l'organisation de l'armée en temps de paix et l'organisation en temps de guerre.

L'armée japonaise a déjà fait dans cette *Revue* l'objet d'études analogues; à plusieurs reprises — en 1904, au début de la guerre avec la Russie — et tout récemment, au début de la série d'articles relatifs à l'histoire de la guerre. Il nous arrivera forcément, pour la clarté et la tenue d'ensemble de la présente étude, de rééditer certains renseignements déjà parus ; nous ne le ferons toujours que dans la mesure strictement nécessaire et surtout dans le but de mettre en lumière les modifications survenues depuis lors.

PREMIÈRE PARTIE

L'organisation de l'armée en temps de paix.

CHAPITRE PREMIER

Recrutement. — Organisation territoriale.

Recrutement — La base de l'organisation est la *loi de recrutement*. Il est nécessaire d'en bien connaître le mécanisme.

La *loi de recrutement* date de 1896 ; elle a été modifiée au cours de la dernière guerre :

1° Par l'ordonnance impériale du 29 septembre 1904 portant la durée de service dans l'armée « Kobi » (2e réserve ou armée de réserve proprement dite), de cinq à dix ans, et supprimant la 2e partie du « Hojû » (réserve de recrutement) ;

2° Par l'ordonnance impériale du 21 avril 1905, mettant à la disposition du Ministre de la guerre pour les renforcements de l'armée de campagne, diverses catégories d'hommes, en particulier les hommes du « Kokumin » 1re partie (armée territoriale) et 2e partie.

Enfin, la loi de finances pour l'exercice 1907-1908 a institué à titre provisoire le service de deux ans, pour l'infanterie.

La loi de recrutement japonaise est basée sur le principe du service personnel, universel, obligatoire. C'est le principe européen de la nation armée.

L'obligation militaire commence à 17 ans et se termine à 40 ans. L'appel de la classe n'a lieu que dans le courant de l'année qui suit celle où les jeunes gens ont eu 20 ans.

Les opérations préliminaires à l'appel sous les drapeaux consistent :

1° En un examen physique très sévère, à la suite duquel les jeunes gens sont classés en trois catégories :

Les absolument bons ;

Les bons ;

Les impropres au service ; ces derniers sont définitivement exemptés du service.

Sont également dispensées du service certaines catégories de jeunes gens ayant des diplômes, occupant certaines situations dans l'enseignement ou le clergé, ou se trouvant dans des conditions de famille déterminées. Les dispensés sont versés dans le Kokumin, 2e partie.

L'examen physique a lieu l'année de l'appel, du mois d'avril au mois d'août.

2° Un tirage au sort détermine, parmi les « absolument bons » le nombre de jeunes gens nécessaires pour former le contingent annuel. Ce contingent est fixé par un décret impérial.

En cas d'insuffisance d'hommes dans la catégorie des « absolument bons », on prélèverait, toujours par voie de tirage au sort, le nombre nécessaire dans la catégorie des « bons ». Ce cas ne s'est pas encore présenté.

Armée active et réserves. — L'armée japonaise comprend :

1° L'armée active ou « Guénéki » ;

2° La réserve de l'armée active ou « Yobi » ;

3° L'armée de réserve proprement dite, ou « armée Kobi » ;

4° L'armée territoriale ou « Kokumin » 1re partie.

En outre de ces catégories instruites, le reliquat des

classes annuelles est versé dans certaines catégories, réserves supplémentaires qui reçoivent peu ou pas d'instruction, et qui constituent le Hojû (réserve de recrutement) et le Kokumin 2e partie (masse des hommes de 17 à 40 ans qui n'appartiennent à aucune des catégories énumérées ci-dessus.

1° *Armée active ou « Guénéki »*. — Les jeunes gens y servent deux ans dans l'infanterie, trois ans dans les autres armes, même dans le train (sauf les conducteurs de cette arme qui ne font que six mois de service).

Un certain nombre de jeunes gens forment une catégorie spéciale. Ce sont les *volontaires d'un an*, qui correspondent aux volontaires d'un an de l'armée allemande, et sont destinés, les uns à embrasser la carrière d'officier, les autres à devenir officiers de réserve. Il y a environ 1,500 volontaires chaque année.

2° *Réserve de l'armée active ou « Yobi »*. — Après leurs deux ou trois ans de service, les jeunes gens passent dans la réserve de l'armée active ou Yobi ; ils y restent cinq ans et quatre mois ou quatre ans et quatre mois suivant qu'ils ont servi deux ou trois ans dans l'active. Cette période de quatre mois correspond au temps nécessaire pour que la classe qui vient d'entrer sous les drapeaux soit mobilisable.

En principe, les hommes du Yobi doivent faire deux périodes d'instruction de soixante jours. Mais, en pratique, les réservistes sont en général convoqués pour deux périodes de manœuvres, l'une de quatre semaines, l'autre de deux semaines. D'ailleurs, d'une façon générale, le nombre et la durée des périodes d'instruction des différentes classes de réserve sont limitées par les ressources financières.

A la mobilisation, les hommes du Yobi sont destinés à porter l'armée du temps de paix à l'effectif de guerre, en un mot, à mobiliser l'armée active. Le surplus est versé dans les dépôts.

3° *Armée de réserve proprement dite, ou « armée Kobi »*. — Cette réserve est souvent appelée improprement armée de dépôt. Elle correspond à la landwehr allemande. Les hommes passent du Yobi dans l'armée Kobi; ils y restent dix ans (au lieu de cinq comme avant la guerre).

Les hommes de cette catégorie doivent faire — *en principe* — deux périodes d'instruction de soixante jours. Ils sont destinés à constituer les unités de l'armée Kobi : brigades devant suivre les divisions de l'armée active de campagne, troupes des services de l'arrière, corps de siège ou de défense des places, etc.

4° *Kokumin 1re partie* (armée territoriale). — Cette catégorie correspond au landsturm allemand. On y reste depuis l'âge de 37 ans jusqu'à l'expiration de l'obligation militaire, c'est-à-dire deux ans et huit mois.

Les hommes du Kokumin 1re partie ne font aucun service. Leur rôle est la défense du territoire.

Autres catégories « Hojû ». — Le reliquat des hommes classés absolument bons, après prélèvement du contingent annuel sur chaque classe de jeunes gens, et les hommes reconnus bons « dans la limite d'un chiffre annuellement fixé » constituent une nouvelle catégorie, appelée Hojû.

La proportion des hommes *bons* comptant dans le Hojû n'est pas connue.

Le Hojû sert de réserve de recrutement (Ersatz-Réserve allemande) pour assurer la constance des effectifs en temps de paix.

A ce titre, chaque régiment instruit constamment 150 hommes du Hojû. En principe, ces hommes restent au régiment pendant trois mois; ils sont ensuite libérés et remplacés immédiatement par un nombre égal d'hommes du Hojû. D'après cela, les hommes du Hojû, font quatre-vingt-dix jours de service pendant leur première année. Ils doivent faire également soixante jours de service au cours de leurs deuxième et quatrième années.

Mais, ainsi que cela a déjà été dit, il est douteux que les hommes des réserves soient rigoureusement astreints à d'aussi longues périodes d'instruction.

On annonce d'ailleurs que le Ministre de la guerre a l'intention de supprimer les périodes d'instruction des hommes du Hojû, et même de supprimer tout à fait cette catégorie, car, avec le service de deux ans, le nombre d'hommes qui reçoivent une instruction complète est augmenté dans de telles proportions qu'on peut se dispenser d'une réserve de recrutement.

Les hommes du Hojû restent dans cette catégorie *sept* ans et *quatre* mois, et entrent dans l'armée Kobi ou armée de réserve proprement dite, en même temps que leurs camarades, venant de l'active.

A la mobilisation, les hommes du Hojû sont destinés à assurer la mise sur le pied de guerre des formations des équipages et du train de l'armée de campagne, à compléter les éléments de l'armée active, à renforcer les dépôts, etc.

Kokumin 2e partie. — Tous les Japonais propres au service et ne comptant pas dans une des catégories énoncées ci-dessus forment — pendant leur période d'obligations militaires, c'est-à-dire de 17 à 40 ans, — une catégorie unique appelée Kokumin 2e partie (Landsturm 2e ban).

Cette catégorie comprend donc :

1° Tous les jeunes gens de 17 à 20 ans révolus ;

2° Les dispensés ;

3° Le reliquat des hommes bons non classés dans le Hojû.

Les hommes de cette catégorie ne reçoivent aucune

instruction militaire. Pendant la dernière guerre, une ordonnance impériale les a mis à la disposition du Ministre de la guerre pour les remplacements et le renforcement de l'armée de campagne. Grâce à l'esprit guerrier et discipliné de la nation japonaise, quelques mois ont suffi pour qu'à la fin de la guerre, dans les armées de Mandchourie, on pût voir de jeunes soldats de 17 ans faire bonne figure au feu.

Le tableau suivant synthétise la répartition des charges militaires dans les différentes catégories de l'armée japonaise, par année d'âge.

Disponibilités du Japon au point de vue du recrutement. — Contingent annuel. — Le contingent annuel a beaucoup varié depuis vingt ans. D'environ 17,000 hommes en 1888, il atteignit 42,000 hommes en 1896, de 80,000 à 100,000 hommes pour les classes 1904 et 1905 appelées pendant la guerre. La classe 1906 était de 120,000 hommes (entrée au service en décembre 1907).

La population japonaise qui s'accroît d'ailleurs chaque année, peut facilement fournir ces contingents. De 45 millions environ en 1900, elle est passée à près de 50 millions en 1906.

L'excédent des naissances sur les décès est également en progression.

En 1907 le nombre des jeunes gens ayant atteint 20 ans dépassait 520,000 hommes.

Service de deux ans. — La loi de finances pour l'exercice 1907-1908 introduisit le service de deux ans pour l'infanterie; d'après le déclarations du Ministre de la guerre, le général Teratsoui, il ne s'agirait que d'une mesure transitoire, ayant le caractère d'une expérience. Mais il n'est pas douteux que ce provisoire ne devienne définitif.

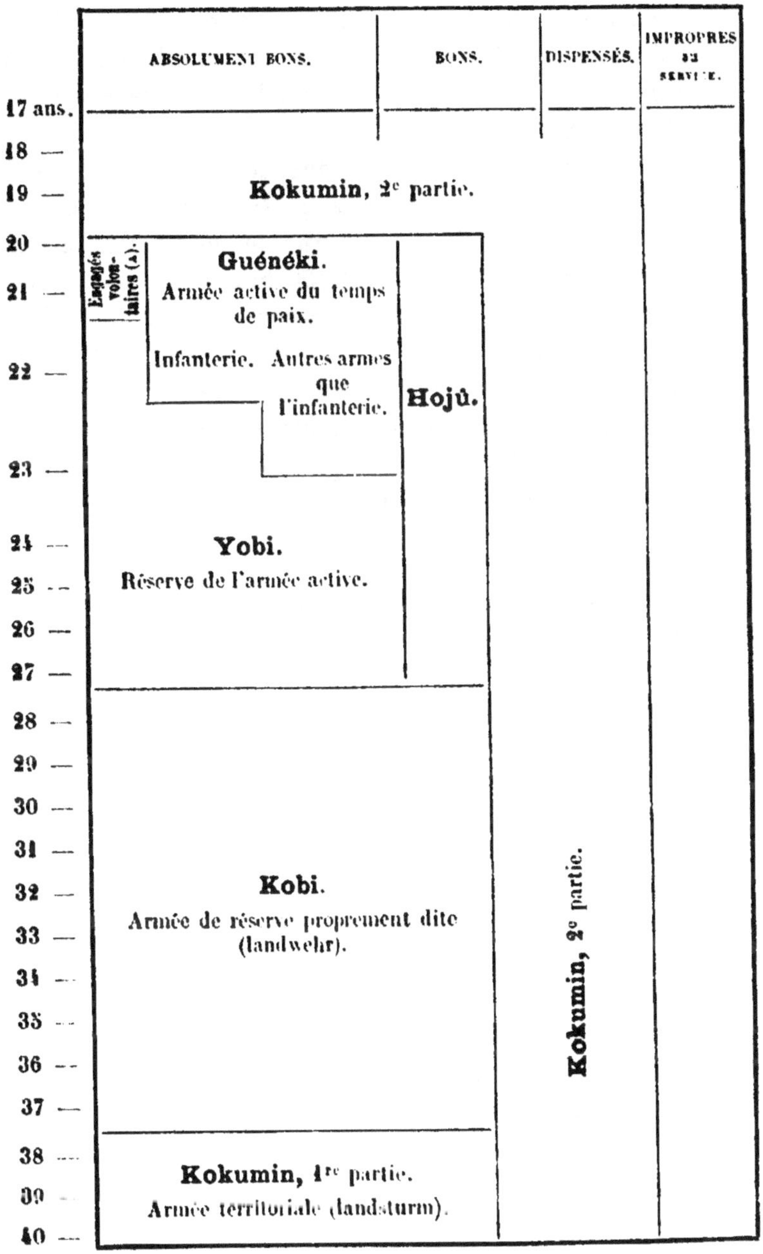

ABSOLUMENT BONS. | BONS. | DISPENSÉS. | IMPROPRES AU SERVICE.

17 ans. —
18 —
19 —
20 —
21 —
22 —
23 —
24 —
25 —
26 —
27 —
28 —
29 —
30 —
31 —
32 —
33 —
34 —
35 —
36 —
37 —
38 —
39 —
40 —

Kokumin, 2e partie.

Engagés volontaires (a).

Guénéki.
Armée active du temps de paix.

Infanterie. Autres armes que l'infanterie.

Hojû.

Yobi.
Réserve de l'armée active.

Kobi.
Armée de réserve proprement dite (landwehr).

Kokumin, 1re partie.
Armée territoriale (landsturm).

Kokumin, 2e partie.

(a) Volontaires d'un an. — Peuvent accomplir leur année de service entre 17 et 18 ans. — Reçoivent une instruction spéciale. — Fournissent des officiers soit à l'armée active, soit à l'armée de réserve.

La tendance actuelle au Japon est en effet de donner l'instruction militaire au plus grand nombre d'hommes possible, pour augmenter l'effectif des réserves immédiatement utilisables.

Grâce au service de deux ans, les Japonais comptent faire passer par les cadres 50 p. 100 d'hommes de plus que par le passé. C'est ainsi que le contingent annuel, qui était en moyenne de 80,000 hommes ces dernières années, est passé à 120,000 hommes. Le Japon obtient ce résultat avec un supplément de dépenses n'excédant pas 3,600,000 yen (9 millions de francs) correspondant aux suppléments de frais de route lors de l'incorporation, et de la libération, augmentation du nombre des sous-officiers rengagés, dépenses de l'habillement, etc.

Effectifs mobilisables. — Il est difficile de se faire une idée exacte de ces effectifs. Dans chaque classe en particulier on ne connaît pas les chiffres exacts des hommes appartenant aux différentes catégories et spécialement, des hommes du Hojû, qui sont censés recevoir un rudiment d'instruction.

De plus, depuis plusieurs années, l'armée japonaise est en continuelle réorganisation.

Quoi qu'il en soit, le problème peut se présenter sous les deux formes suivantes :

1° Quel serait l'effectif d'hommes instruits disponibles pour une mobilisation en 1908 ? De quelles réserves disposerait le Japon ?

2° Quel sera l'effectif total des hommes instruits, quand la loi actuelle aura son plein effet, en admettant que le Japon continue à appeler 120,000 jeunes soldats chaque année ?

1° *Effectifs actuellement mobilisables.* — Il est nécessaire de prendre comme base l'effectif que le Japon avait sous les armes à la fin de la dernière guerre. A ce moment, il y avait en campagne environ 600,000 hommes. Nous ne tiendrons pas compte des hommes qui se trouvaient dans les dépôts et qui avaient un commencement d'instruction. Ce chiffre comprenait d'ailleurs les deux classes 1904 et 1905, qui auraient dû être normalement appelées en 1905 et 1906, et qui le furent par anticipation en 1904 et 1905.

Il faut ajouter à ce chiffre la classe 1906, appelée en décembre 1907 et mobilisable en 1908, soit 120,000 hommes, il faut en retrancher les deux classes les plus anciennes, devenues indisponibles depuis la guerre (30,000 hommes environ). Nous voyons que le Japon pourrait disposer d'environ *700,000 hommes*, ayant reçu une instruction complète.

Il y aurait lieu de tenir compte, soit immédiatement, soit après quelques mois :

a) Des hommes qui à la fin de la guerre se trouvaient dans les dépôts (environ 100,000 hommes);

b) Des hommes des catégories non instruites, appelés dans les dépôts, des jeunes gens appelés par anticipation, etc.

Le nombre global de ces différentes catégories peut atteindre un *million d'hommes.*

2° *Effectifs mobilisables quand la loi aura son plein effet.* — La base, pour ce calcul, serait la connaissance exacte de la répartition des classes dans les différentes catégories de l'armée.

La dernière statistique officielle connue date de l'année 1902. Le nombre de jeunes gens ayant atteint l'âge de 20 ans était alors de 539,282.

187,907, soit 34,84 p. 100, furent déclarés absolument aptes pour le service, et répartis de la façon suivante :

Guénéki, 45,000;

Hojû 1re et 2e parties, reste des « absolument bons ». (L'ordonnance du 29 septembre 1904 a supprimé la 2e partie du Hojû);

108,016, soit 20,03 p. 100 n'ayant pas une aptitude absolue, furent versés dans le Kokumin 2e partie;

49,354, ou 9,15 p. 100, furent dispensés pour des motifs de famille ou de profession;

194,003, ou 35,98 p. 100, furent exemptés.

Si nous appliquons ces proportions à la classe 1907 (et aux classes suivantes) nous arrivons aux chiffres approximatifs suivants :

Effectif total de la classe, 520,000 hommes : 182,000 absolument bons, se répartissant en :

120,000 dans l'armée active, Guénéki (chiffre connu);
62,000 dans le Hojû;
104,000 dans le Kokumin, 2e partie;
52,000 dispensés;
182,000 exemptés.

Pour avoir le total des différentes catégories, nous n'avons qu'à appliquer à ces chiffres la loi de décroissance des effectifs d'après les barèmes habituels, et nous arrivons aux chiffres suivants :

Armée active mobilisée. (Guénéki et Yobi, sept classes), 742,800 hommes complètement instruits.

Hojû (sept classes), 383,780 hommes ayant une instruction sommaire.

Kobi (dix classes), soit 780,000 hommes, complètement instruits venant du Yobi et 403,000 hommes ayant une instruction sommaire venant du Hojû.

Kokumin 1re partie (deux classes), soit 115,000 hommes complètement instruits, 59,520 sommairement instruits.

Kokumin 2e partie (trois classes de jeunes gens de 17 à 20 ans), soit environ 1 million d'hommes;

Vingt classes d'hommes de 20 à 40 ans, soit environ 2 millions d'hommes, au total 3 millions d'hommes n'ayant aucune instruction, mais disponibles.

En résumé la loi actuelle donnera au Japon les effectifs mobilisables suivants :

Hommes complètement instruits : 1,638,000 dont 742,800 pour l'armée active mobilisée, 780,000 pour l'armée Kobi et 115,200 pour le Kokumin 1re partie.

Hommes ayant une instruction militaire sommaire, 846,300.

Réserve d'hommes non instruits, mais disponibles, environ 3 millions.

La loi actuelle aura son plein effet dans une vingtaine d'années. D'ici là, les effectifs mobilisables, partant des chiffres donnés au sujet du premier cas étudié (mobilisation en 1908) iront toujours en se rapprochant des derniers chiffres donnés.

Organisation territoriale (1). — L'organisation territoriale du Japon, au point de vue militaire, est calquée sur l'organisation de l'armée elle-même, c'est-à-dire que la base de cette organisation territoriale est la circonscription *divisionnaire*. A chaque division de l'armée du temps de paix correspond une circonscription où, en principe, elle recrute ses jeunes soldats et qui lui fournit à la mobilisation ses différentes classes de réserve.

Il y a dix-huit circonscriptions divisionnaires, les deux divisions qui se trouvent en Mandchourie et en Corée, ayant leur circonscription correspondante sur le territoire national. La division de la Garde n'a pas de circonscription particulière. Elle se recrute sur l'ensemble du territoire, parmi les fils de la petite noblesse et des propriétaires fonciers.

Pour l'infanterie, les circonscriptions se subdivisent en quatre districts régimentaires, groupés deux par deux, par brigades, et les districts régimentaires sont eux-mêmes divisés en districts de bataillon.

Les armes autres que l'infanterie se recrutent sur l'en-

(1) Voir numéros de février 1904 et septembre 1907.

semble de la circonscription divisionnaire. En cas d'insuffisance, le contingent local peut être complété par des emprunts faits à un autre district ou même à une autre circonscription divisionnaire.

Les bataillons d'artillerie lourde sont alimentés par les circonscriptions divisionnaires où ils sont stationnés.

Les brigades de cavalerie et d'artillerie, les troupes de communications se recrutent sur l'ensemble d'un certain nombre de circonscriptions déterminées.

Les troupes spéciales à la défense de certaines îles sont fournies par les districts indépendants qu'elles forment.

Formose a une garnison alimentée par des recrues venues de la métropole, et l'île de Tsoushima a reçu également une organisation particulière.

CHAPITRE II

Organisation de l'armée japonaise en temps de paix. Troupes et effectifs.

Composition de l'armée. — La base de l'organisation de l'armée en paix et en guerre, est la division, qui est une unité intermédiaire entre notre division et notre corps d'armée français.

Le Japon ne possède pas de corps d'armée.

L'armée japonaise compte 19 divisions, soit : 18 divisions numérotées de 1 à 18, et la division de la Garde. On sait que 4 divisions furent créées au cours de la guerre ; les 13e, 14e 15e et 16e divisions. Après le traité de paix, elles furent maintenues provisoirement en Mandchourie et en Corée. Au mois de mars 1907 les 15e et 16e divisions furent rappelées au Japon, et rassemblées provisoirement dans de vastes baraquements précédemment affectés aux prisonniers russes.

Au mois d'octobre 1907, la 10e division a remplacé en Mandchourie la 14e qui est rentrée au Japon ; la 13e division est restée en Corée : il est probable qu'elle sera relevée en 1908 par la 2e division.

L'entretien d'une division en Corée ou en Mandchourie coûte environ le double que sur le territoire national.

Le rappel des deux divisions au Japon a permis la création de deux nouvelles divisions, les 17e et 18e, ce qui porta le nombre total des divisions à 19.

L'armée japonaise comprend en outre :

Deux brigades indépendantes de cavalerie (de deux régiments à quatre escadrons).

Trois brigades indépendantes d'artillerie de campagne (de deux régiments à six batteries) ;

Trois bataillons indépendants d'artillerie de montagne (à trois batteries chacun). Ces bataillons doivent être affectés à la mobilisation aux troupes ayant à opérer dans les régions montagneuses.

Des unités d'*artillerie lourde*, remplaçant les anciennes unités d'*artillerie de forteresse*, et comprenant :

Deux brigades d'artillerie lourde de deux régiments chacune (rôle : assurer la défense des zones fortifiées où elles sont stationnées, et constituer les éléments d'artillerie lourde nécessaires aux armées en campagne);

Deux régiments indépendants (3e et 4e), ces régiments qui recevront des attelages, contribueront aussi à la formation des parcs de siège ;

Six bataillons indépendants.

En temps de paix, les régiments d'artillerie lourde sont à trois bataillons de trois compagnies (batteries); les bataillons indépendants ont un nombre variable de compagnies.

Le nombre des bataillons d'artillerie lourde présents au Japon est de 24 ; il y a lieu d'ajouter à ce chiffre les unités suivantes :

Deux bataillons à Formose, un à Tsoushima, deux en Corée, un à Port-Arthur; ce qui porte à 30 le nombre total de bataillons d'artillerie lourde.

Une brigade de troupes de communications comprenant :

Un régiment des chemins de fer, à trois bataillons de quatre compagnies;

Un bataillon de télégraphistes (quatre compagnies de télégraphistes, une compagnie de télégraphie sans fil, une compagnie d'aérostiers, une section d'instruction pour le service des projecteurs.

Troupes séjournant en dehors du Japon :

Corps d'occupation en Corée. — Les troupes d'occupation comprennent actuellement la *13e division*, restée en Corée après la guerre, récemment renforcée, en raison des événements qui se sont déroulés à Séoul pendant l'été de 1907, de la 12e brigade d'infanterie (12e division) et de quatre escadrons de cavalerie.

Il est probable qu'en 1908, la 13e division sera relevée en Corée par la 2e (Sendaï) dont elle ira occuper les garnisons sur le territoire national.

Le quartier général de la 13e division est à *Séoul*.

Celui de la brigade mixte à Taï-ku (au Nord de Fusan).

Les troupes de Corée comprennent en outre :

Un bataillon d'artillerie lourde (deux compagnies) à Heïko, baie de Yong-Heung (Port-Lazareff) ;

Un bataillon d'artillerie lourde (une compagnie) à Masampo.

Corps d'occupation de Mandchourie et de la presqu'île du Kouan-Toung (*Port-Arthur*). — 10e division (quartier général à Liao-Yang), un bataillon d'artillerie lourde à Port-Arthur, six bataillons de gardes du chemin de fer échelonnés le long de la voie ferrée.

Les bataillons de gardes du chemin de fer sont à quatre compagnies de 179 hommes (754 officiers, sous-officiers et soldats pour le bataillon).

On a l'intention, paraît-il, de modifier l'organisation de ces bataillons et de les répartir en quinze détachements comptant chacun 628 officiers et soldats (au total 9,420 hommes environ). On ramènerait ensuite progressivement les éléments de la division d'occupation dans le Kouan-Toung, puis on réduirait les effectifs à entretenir dans cette presqu'île.

Il est probable que plus tard les divisions de Mandchourie et de Corée seront rappelées au Japon, et que l'on adoptera pour les unités d'occupation de ces deux contrées, et qui deviendraient des unités spéciales autonomes, un système de recrutement analogue à celui de la division de Formose.

Brigade d'occupation du Petchili. — Formée avec des éléments tirés de la métropole et relevés périodiquement : deux régiments d'infanterie, un escadron de cavalerie, une batterie de montagne, un détachement de sapeurs-télégraphistes.

Garnison de Formose comprenant :

Deux brigades mixtes composées chacune de trois bataillons d'infanterie et une batterie de montagne ;

Deux bataillons d'artillerie lourde (bataillons de Keelung et des Pescadores) à deux compagnies chacun.

Depuis 1907, les unités du corps d'occupation reçoivent directement leurs recrues du territoire national ; elles ne sont rattachées à aucune division.

Milice de Tsoushima : un bataillon, une batterie de montagne, un escadron, un bataillon d'artillerie de forteresse. Tous les hommes valides de l'île de Tsoushima font un an de service.

Garnison de l'île de Saghalien. — Un bataillon formé du groupement de quatre compagnies provenant respectivement de chacun des régiments d'infanterie de la 7e division (Hokkaïdo) ; un peloton de cavalerie du 8e régiment (8e division) ; une section d'artillerie de montagne ; un détachement de sapeurs-télégraphistes.

Composition de la division. — Une division comprend normalement en temps de paix : deux brigades d'infanterie, de deux régiments à trois bataillons de quatre compagnies ; un régiment de cavalerie à trois escadrons ; un régiment d'artillerie de campagne de deux groupes de trois batteries chacun (la batterie a six pièces, six caissons et un chariot de batterie ; toutes les voitures sont à six chevaux) ; un bataillon du génie à trois compagnies ; un bataillon du train à trois compagnies.

Nombre d'unités de l'armée active en temps de paix. — Le nombre total des bataillons d'*infanterie*, y compris le bataillon spécial de Tsoushima, est de 229 (157 avant la guerre).

Effectifs normaux du temps de paix des différentes unités.

UNITÉS.	OFFICIERS.	SOUS-OFFICIERS.	SOLDATS supérieurs (gefreite).	SOLDATS de 1re cl.	SOLDATS de 2e cl.	TOTAUX.	CHEVAUX.
Compagnie d'infanterie	5	12	18	42	79	156	»
Escadron de cavalerie	5	12	14	37	72	140	135
Batterie d'artillerie de campagne	5	10	10	31	72	128	62
Batterie d'artillerie de montagne	5	10	10	30	72	127	37
Compagnie du génie	5	14	22	43	86	170	5
Compagnie de sapeurs du chemin de fer	5	12	14	32	64	127	5
Compagnie de télégraphistes	7	15	14	32	64	132	7
Compagnie du train	7	18	18	25	291	359	450
Compagnie d'artillerie lourde	5	10	10	30	70	125	3

	OFFICIERS et hommes.	CHEVAUX.
Régiment d'infanterie	1,950	14
Régiment de cavalerie	462	454
Régiment d'artillerie de campagne	807	382
Régiment d'artillerie de montagne	807	244
Bataillon du génie	544	19
Bataillon du train	1,114	457

Effectif budgétaire de la division en temps de paix :

Officiers	397
Sous-officiers	1,059
Soldats	9,546

Au total..... 11,002 hommes et 1,304 chevaux.

La *cavalerie* compte 73 escadrons (55 avant la guerre).

Artillerie : Toutes les divisions sont désormais dotées exclusivement d'artillerie de campagne.

Il y a actuellement 150 batteries de campagne au lieu de 75 avant la guerre.

L'artillerie de montagne n'a plus que 9 batteries (au lieu de 39 avant la guerre).

Génie : 54 compagnies (39 avant la guerre).

Train : 19 bataillons.

Il faut y ajouter le corps de la *gendarmerie* (environ 4,000 gendarmes).

L'effectif moyen du temps de paix de l'armée active proprement dite atteint de 210,000 hommes à 220,000 hommes environ.

Emplacements des quartiers généraux des divisions et des troupes non endivisionnées.

Garde impériale, Tokyo ; 1re division, Tokyo ; 2e division, Sendaï ; 3e division, Nagoya ; 4e division, Osaka ; 5e division, Hiroshima ; 6e division, Kumamoto ; 7e division, Asahigawa ; 8e division, Hirozaki ; 9e division, Kanazawa ; 10e division, en Mandchourie : quartier général, Liao-Yang ; chef-lieu de circonscription au Japon, Utsûnomiya ; 11e division, Zentsuji ; 12e division, Kokûra ; 13e division, en Corée : quartier général, Seoul ; chef-lieu de circonscription au Japon, Takata ; 14e division, Himeji ; 15e division, Toyohashi ; 16e division, Kyoto ; 17e division, Okayama ; 18e division, Kûrûmé.

Éléments non endivisionnés.

Cavalerie. — 1re brigade, Narashino ; 2e brigade, Narashino. En temps de paix, le régiment de cavalerie de la Garde est rattaché à la 1re brigade, et le 1er régiment (1re division), à la 2e brigade de cavalerie.

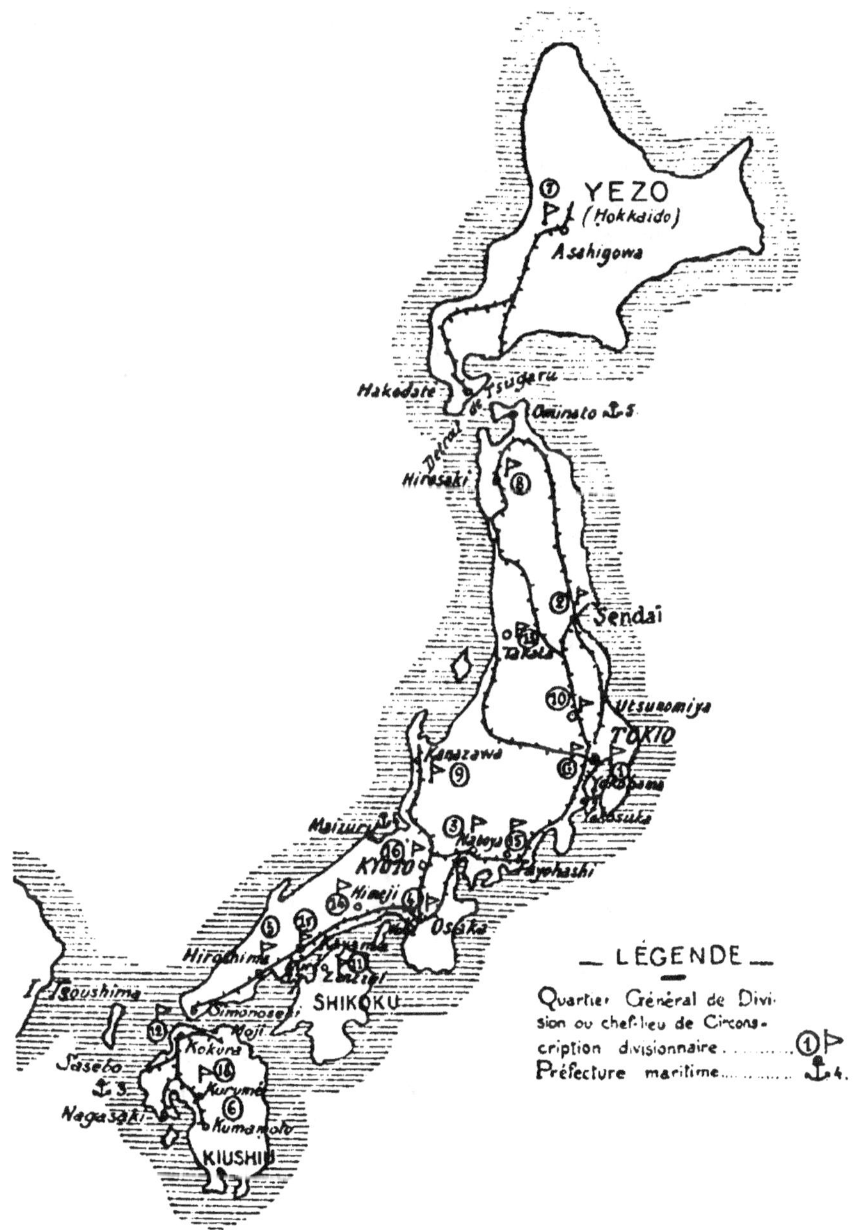

Artillerie de campagne. — 1re brigade, Tokyo; 2e brigade, Konodaï; 3e brigade, Konodaï. En temps de paix, le régiment d'artillerie de la Garde est rattaché à la 1re brigade et le 1er régiment (1re division) à la 2e brigade d'artillerie de campagne.

Artillerie de montagne. — 1er bataillon, Sendaï; 2e bataillon, Okayama; 3e bataillon, Kûrûmé.

Artillerie lourde. — 1re brigade, Yokosuka; 2e brigade, Simonoseki. Régiments indépendants, 3e Yura; 4e, Hiroshima. Bataillons indépendants, Tadanoumi, Hakodaté, Maïzûrû, Keïchi, Sasebo, Nagasaki.

Brigade des troupes de communications : Chiba.

Remarque. — Les deux nouvelles divisions, les 17e et 18e divisions, doivent être constituées presque entièrement avec des régiments d'infanterie d'ancienne formation. Les régiments d'infanterie à créer sont répartis dans les anciennes divisions. Pour les nouvelles divisions, il n'y a à créer que les états-majors, et les unités de cavalerie, d'artillerie, du génie et du train. Cette façon de faire doit singulièrement faciliter et hâter l'achèvement complet de cette réorganisation.

Commandement de l'armée.

Haut commandement. — L'Empereur est le chef suprême de l'armée, en paix, comme en guerre. En temps de paix, il est assisté par le *Conseil suprême des armées*, destiné à assurer l'unité de direction, au point de vue de la défense nationale entre la Guerre et la Marine.

Le *Conseil suprême* comprend : les maréchaux et amiraux, les ministres et chefs d'état-major de la guerre et de la marine, l'inspecteur de l'instruction militaire, les chefs des grands commandements militaires, les généraux et amiraux désignés spécialement par l'Empereur.

Depuis sa fondation (septembre 1893), le Conseil suprême s'est réuni deux fois, en mars 1901, et en janvier 1904 (avant la guerre russo-japonaise).

Les organes d'exécution et de préparation à la guerre, sont :

Les ministères de la guerre et de la marine;

L'état-major de l'armée (4 bureaux). Le chef d'état-major est indépendant du ministère de la guerre et ne relève que de l'Empereur;

L'état-major de la marine;

L'inspection de l'instruction militaire.

Grands commandements militaires. — Les divisions de l'armée du temps de paix étaient groupées jusqu'en 1907 en trois grands commandements militaires comprenant chacun quatre divisions. (La division de la Garde dépendant directement de l'Empereur.)

C'étaient les grands commandements de l'Est (Tokyo), du Centre (Osaka) et de l'Ouest (Hiroshima).

On ne sait pas encore comment seront groupées les divisions dans la nouvelle organisation. Il est bon de remarquer que la constitution de ces grands commandements n'a aucun rapport avec la formation des armées en temps de guerre.

Gouvernement militaire de Formose. — Le gouvernement militaire de Formose et des Pescadores a à sa tête un officier général de l'armée ou de la marine ayant sous ses ordres une direction civile, et une direction militaire.

Recrutement des officiers et écoles militaires. — En temps de paix, le corps des officiers se recrute uniquement parmi les élèves de l'École de guerre de Tokyo.

En temps de guerre, les sous-officiers peuvent être nommés officiers; en principe, les officiers de cette origine ne dépassent pas le grade de capitaine.

D'une manière générale, le recrutement des officiers en temps de paix rappelle beaucoup les règles usitées en Allemagne.

Les officiers passent tous par l'École de guerre, à laquelle les jeunes gens sont admis à la suite d'examens ; les élèves de l'École de guerre viennent de deux catégories différentes :

1° Les anciens élèves des écoles de cadets ;

2° Les volontaires d'un an, candidats officiers.

Écoles de cadets. — Il y a six écoles de cadets ; les enfants y entrent âgés de 13 ou 14 ans, il y restent trois ans. Les futurs officiers passent ensuite deux ans à l'École centrale militaire de Tokyo, font pendant ce temps un stage de six mois dans un régiment et peuvent être ensuite admis à l'École de guerre de Tokyo.

Volontaires d'un an, candidats officiers. — Ce sont des jeunes gens ayant certains diplômes, ou ayant satisfait à certains examens, et qui, après s'être procuré le consentement du commandant du régiment où ils désirent entrer, s'engagent comme « volontaires d'un an, candidats officiers ».

Les candidats officiers, jouissent au régiment de certains privilèges. Au cours de leur année de service, ils sont promus sous-officiers, et peuvent ensuite être admis à l'École de guerre de Tokyo comme les anciens élèves des écoles de cadets.

École de guerre, ou *Collège militaire* de Tokyo. — Cette école reçoit donc des jeunes gens des deux catégories ci-dessus. La durée des cours y est d'une année. Les cours commencent le 1er décembre de chaque année. A la sortie de l'école, les élèves, pourvus de leur diplôme de fin d'études, sont envoyés dans les régiments comme aspirants, et ce n'est qu'environ six mois après qu'ils sont nommés sous-lieutenants, après avoir été acceptés par la réunion des officiers du régiment.

En 1904, 500 jeunes gens ont été admis à l'École de guerre de Tokyo.

Avancement. — L'avancement a lieu partie à l'ancienneté, partie au choix; le choix intervient particulièrement dans la mesure la plus large, pour l'avancement des officiers brevetés de l'Académie de guerre.

Officiers de réserve. — Ils se recrutent, comme en Allemagne, parmi les anciens officiers de l'active, démissionnaires, et parmi les volontaires d'un an qui, après leur temps de service, ont satisfait à certains examens. Les officiers de réserve sont astreints, tous les deux ans, à une période d'instruction de cinq semaines.

Le nombre des officiers de réserve (décembre 1907) serait le suivant : 34 lieutenants généraux ; 40 majors généraux ; 2 payeurs généraux ; 9 payeurs-inspecteurs ; 10 chirurgiens généraux ; 103 colonels ; 210 lieutenants-colonels et majors ; 2,117 officiers subalternes.

Sous-officiers. — Les sous-officiers se recrutent :

1° Parmi les aspirants sous-officiers, jeunes gens qui, dès leur entrée au service, font connaître leur intention de rengager ;

2° Parmi les « soldats supérieurs », analogues aux gefreite allemands.

Les sous-officiers rengagés reçoivent des hautes payes et primes de rengagement dont le taux varie avec la durée du rengagement. Après dix ans de service, ils reçoivent une médaille et une nouvelle prime spéciale.

Écoles destinées à compléter et à perfectionner l'instruction des officiers :

a) *École militaire d'état-major* ou *Académie de guerre.* — Cette école est destinée à parfaire l'instruction militaire des jeunes officiers d'avenir, et à recruter les corps de l'état-major proprement dit, et de « l'adjudantur ».

La durée des cours y est de trois années, au cours desquelles les officiers font, pendant les manœuvres, des stages dans les armes autres que leur arme d'origine.

Les élèves les moins bien classés servent à recruter

« l'adjudantur », qui, dès le temps de paix, double l'état-major des brigades et des divisions.

Écoles d'application :

b) *École d'artillerie et du génie.* — École d'application pour les jeunes officiers de ces deux armes. La durée des cours y est de trois ans, et chaque année il y a une sélection, à la suite de laquelle un tiers des officiers rejoignent leurs régiments.

c) *École pratique de tir pour l'artillerie de campagne.* — Cette école reçoit des capitaines et des lieutenants venus des régiments, ou des officiers venus de l'*École d'artillerie et du génie*. Ces officiers y font un stage qui est respectivement de trois mois et de deux mois, et au cours duquel ils reçoivent un complément d'instruction essentiellement pratique.

d) *École pratique de tir pour l'artillerie lourde.* — A le même but et le même mode de recrutement que la précédente.

e) *École d'application de cavalerie.* — Cette école comprend :

Une section d'instruction tactique, pour les capitaines, lieutenants et quelquefois lieutenants de cavalerie;

Une section d'équitation pour des lieutenants, des sous-lieutenants et quelquefois des sous-officiers, de cavalerie, d'artillerie de campagne et du train ;

La durée de séjour est de onze mois.

f) *Collège militaire Toyama.* — C'est une espèce d'école de « perfectionnement », intermédiaire entre l'École de guerre et l'École d'état-major.

On y donne aux officiers un entraînement spécial au point de vue tactique, tir, gymnastique, escrime, travaux de campagne, en même temps qu'on y fait des expériences relatives au tir au canon et des armes de petit calibre.

Il comprend donc une section tactique, une section de tir et une section de gymnastique et d'escrime.

Le recrutement et la durée de séjour est différent, suivant les sections.

Écoles destinées aux non-combattants :

g) *École d'administration militaire ;*

h) *École de santé militaire ;*

i) *École vétérinaire militaire ;*

k) *École de pyrotechnie ;*

l) *École de topographie militaire.*

Remonte. — Le cheval japonais est en général médiocre et la population chevaline peu nombreuse. Aussi la question de la remonte est-elle très difficile au Japon, qui est resté jusqu'ici tributaire de l'étranger (15,000 chevaux furent achetés en Amérique au cours de la dernière guerre). Les meilleurs chevaux se trouvant dans le Nord du Japon, c'est là également qu'ils sont le plus nombreux.

Le Gouvernement ne néglige aucun effort pour améliorer la race chevaline indigène et encourager la production.

Un bureau de l'administration des chevaux a été institué en 1906, et placé sous la dépendance immédiate du président du conseil, quinze haras et trois dépôts d'élevage relèvent de ce bureau. En 1906, une mission envoyée en Europe y a acheté 51 étalons.

Du Ministère de la guerre dépendent sept dépôts de remonte.

CHAPITRE III

Armement. — Habillement. — Équipement.

A. — *Armement.*

Infanterie. — L'infanterie japonaise fit la guerre de Mandchourie avec un fusil modèle 1897, dit fusil « Arisaka », du calibre de 6mm,5, imité du Mauser, pourvu d'un mécanisme à répétition (cinq cartouches sur lame chargeur) et d'un couteau-baïonnette.

Après la guerre il fallut renouveler l'armement, en grande partie hors d'usage. Après certains essais infructueux, on abandonna l'idée d'adopter un fusil automatique.

On adopta un fusil, dit encore fusil « Arisaka », et qui prit la dénomination de fusil modèle de la 38e année du Meiji (1905). Ce n'est en somme que l'ancien fusil modifié d'après les expériences de la guerre.

Jusqu'à nouvelle décision, l'armée de réserve conservera le fusil modèle 1897. Les caractéristiques du nouveau fusil sont les suivantes :

Calibre : 6mm,5, comme l'ancien ;

Longueur : 1m,29 sans baïonnette (l'ancien avait 1m,27);

Longueur du canon : 0m,82 (au lieu de 0m,79);

Poids sans baïonnette : 4kg,060 (au lieu de 3kg,900).

Les propriétés balistiques sont identiques à celles de l'ancien fusil.

Toutes les améliorations ont eu pour but de protéger

le mécanisme de culasse contre l'introduction de la poussière et de corps étrangers, d'en rendre plus résistantes certaines pièces, et de faciliter le maniement de l'arme par les grands froids.

La baïonnette est identique à l'ancienne (couteau-baïonnette).

L'homme porte toujours trois cartouchières ; le mode de fermeture des cartouchières de devant a été changé ; elles s'ouvrent maintenant d'arrière en avant. L'homme porte un certain nombre de pièces de rechange (un percuteur, un éjecteur, etc.).

Approvisionnement en cartouches : 120 dans les cartouchières, 80 dans le sac. Au total 200. Quand l'homme est débarrassé de son sac, et est muni seulement de l'étui porte-effets, on augmente sa provision de cartouches. A Moukden, les hommes de certains régiments portèrent jusqu'à 500 et 600 cartouches.

Cavalerie. — L'armement de la cavalerie comporte une carabine et le sabre.

La carabine a le même calibre que le fusil d'infanterie ; la nouvelle carabine comporte des améliorations analogues à celles du fusil. Sa hausse est graduée jusqu'à 2,000 mètres au lieu de 1,500. Il paraît qu'elle va être munie d'une baïonnette.

Revolvers. — Le général Arisaka a également inventé un revolver, analogue au Mauser allemand, il peut se fixer sur une crosse. Le revolver est porté par les officiers, par les sous-officiers de cavalerie, etc.

Artillerie de campagne. — L'artillerie japonaise a fait la dernière campagne avec un canon Arisaka de 75 millimètres, à tir accéléré (trois à quatre coups à la minute), non pourvu de bouclier. Cette pièce ne donnait pas toutes satisfactions au point de vue de la stabilité pendant le tir.

La pièce de montagne de même calibre, plus légère, se démontait, pour le transport, en cinq parties.

Dès le commencement de l'année 1905, les établissements Krupp reçurent une première commande de 400 pièces à tir rapide, du calibre de 75 millimètres. Après la conclusion de la paix, la section technique était sur le point de conclure un nouveau traité avec la maison anglaise Vickers Maxim, pour un canon de campagne de 83 millimètres et du poids de 1,960 kilogrammes, lorsque sur une réclamation de la maison Krupp, qui se prévalait du contrat de 1906, les pourparlers furent rompus avec la maison anglaise. Le Gouvernement japonais adopta finalement le matériel Krupp ; ou plus exactement, les blocs d'acier fournis par l'usine Krupp furent usinés à l'arsenal d'Osaka, sur les plans fournis par Krupp.

La pièce est un canon à tir rapide et à long recul, du calibre de 75 millimètres, dite du modèle de la 38e année du Meiji, fabrication de 1905.

Plus tard, en 1907, le général Arisaka, apporta à la pièce Krupp quelques modifications, et l'on commença la fabrication de cette nouvelle pièce, dite également du modèle de la 38e année du Meiji, fabrication de 1907.

En résumé, il y a actuellement au Japon :

Des pièces de 75 millimètres, modèle Krupp, fournies par l'usine Krupp elle-même ;

Des pièces de 75 millimètres, modèle Krupp, usinées à Osaka, avec des matériaux fournis par Krupp, sur les plans du modèle Krupp, et dites du modèle de la 38e année du Meiji, fabrication de 1905 (le total de ces deux catégories est d'environ 700).

Des pièces de 75 millimètres, modèle Arisaka, usinées à Osaka, différant peu des précédentes, et dites de la 38e année du Meiji, fabrication de 1907.

De ces dernières pièces, il n'y a encore qu'un petit nombre.

Caractéristiques du canon de campagne :

Calibre : 75 millimètres ;

Longueur du canon : 2^m,192 (30 calibres) ;

Recul sur le berceau : 1^m,40 ;

Portée maxima (avec l'angle de 29°) : 8,500 mètres ;

Vitesse initiale : 520 mètres ;

Poids du canon en batterie avec boucliers, environ 900 kilogrammes ;

Poids du projectile (obus à balles ou obus brisant) : 6^{kg},500 ;

Nombre de balles du shrapnel : 210 balles de 12^{gr},500.

La *fermeture de culasse* est à coin dans le système Krupp ; dans le système Arisaka, elle est réalisée au moyen d'une vis conique présentant des secteurs lisses et des secteurs filetés.

L'*extraction* est automatique pendant l'ouverture du volet.

La *mise de feu* se fait au moyen d'un percuteur.

L'*affût* se compose du berceau et de l'affût proprement dit.

Le *berceau* supporte le tube du canon, le guide dans son recul, partage ses déplacements en hauteur et en direction, et porte le frein hydropneumatique.

Le *récupérateur* est à ressorts métalliques dans le modèle Krupp ; il est à air comprimé dans le modèle Arisaka.

Le *berceau* est relié à l'affût par le mécanisme de pointage.

L'*affût* est muni d'une bêche de crosse rigide ; il porte les appareils de pointage en hauteur et en direction.

Le *bouclier* (de 3^{mm},6 d'épaisseur) se compose de deux parties, la partie supérieure fixe, la partie inférieure mobile.

La *hausse* est munie d'une lunette prismatique avec objectif Zeiss, grossissant trois fois. La hausse est graduée jusqu'à 6,200 mètres ; elle porte un tambour, une réglette des dérives, un niveau. Avec le niveau, on peut tirer jusqu'à 7,350 mètres.

Le *projectile* est réuni à la douille en cuivre. Il y a deux sortes de projectiles : l'obus à balles et l'obus brisant ou obus-torpille. La proportion adoptée pour les munitions d'un régiment est de deux tiers de shrapnels pour un tiers d'obus-torpilles.

La *fusée* est graduée jusqu'à 7,900 mètres. Le réglage se fait au moyen d'un régloir construit sur les mêmes principes que le nôtre.

L'*avant-train* porte 36 coups : trois servants peuvent être assis sur son siège. Son poids, chargé et équipé, est de 795 kilogrammes.

La voiture-pièce pèse donc environ 1,695 kilogrammes; elle est tirée par six chevaux.

Caisson. — L'arrière-train porte 60 coups ; la voiture-caisson porte donc 96 coups.

Vitesse du tir. — Quoique le canon puisse au besoin tirer beaucoup plus rapidement, les artilleurs japonais estiment que la vitesse de 5 coups par pièce à la minute (28 à 30 coups par batterie) est une vitesse parfaitement suffisante au combat.

Téléphones et télémètres. — Le régiment (6 batteries) est pourvu de quinze appareils téléphoniques et de neuf télémètres.

Matériel Arisaka. — Nous avons dit qu'il n'y avait encore qu'un petit nombre de pièces de ce modèle en service. Outre qu'il semble que ce matériel ne soit pas encore complètement au point, il est probable que, les réductions budgétaires consenties pour 1908 par le Ministre de la guerre devant porter sur la réfection du matériel d'artillerie, la construction de ce nouveau matériel se trouvera encore retardée.

Canon de montagne. — Ce canon n'a pas été changé. On a seulement apporté à la pièce en usage, à la suite de la guerre, quelques modifications de détail destinées à rendre le matériel plus résistant. Il existe un projet de canon de montagne à recul sur l'affût qui prendrait également la dénomination de modèle de la 38e année du Meiji.

Artillerie lourde. — L'artillerie lourde de campagne doit être armée de canons de 10cm,5, d'obusiers de 12 et de 15 centimètres.

Nous verrons, dans le chapitre relatif à l'organisation en temps de guerre, quelle doit être la répartition probable de cette artillerie lourde.

En dehors de l'artillerie lourde de campagne, il y aurait en plus un ou plusieurs parcs de siège.

Canon de 10cm,5. — Cette nouvelle pièce est une pièce à long recul sur l'affût. Elle a reçu la dénomination de canon de 10 centimètres, modèle de la 38e année du Meiji (1905). Due au général Arisaka, elle est fabriquée à l'arsenal d'Osaka.

La pièce se meut sur un berceau muni d'un frein hydraulique et d'un récupérateur à ressorts métalliques. Elle est attelée de huit chevaux.

Les caractéristiques principales sont les suivantes :

Longueur du canon : 30 calibres;

Recul sur le berceau : 1m,60 ;

Vitesse initiale : 540 mètres ;

Hausse graduée jusqu'à 7,800 mètres ;

Portée maxima avec l'angle de 35° (niveau) : 10,000 mètres ;

Portée extrême de la pièce : 12,000 mètres ;

Poids du projectile 18 kilogrammes ;

Poids de la pièce en batterie : 2,250 kilogrammes.

La fusée est graduée jusqu'à la distance de 9,400 mètres. La vitesse de tir peut être de quatre coups à la minute.

Le bouclier a une épaisseur de 5 à 6 millimètres.

La hausse, le guidon, les appareils de pointage, etc., sont analogues à ceux de la pièce de campagne.

Le caisson, à six chevaux, transporte 36 projectiles avec leurs charges.

Obusiers de 12 centimètres. — Ce matériel a été construit en partie chez Krupp, en partie à Osaka (le Creusot a fourni la matière première pour 40 pièces).

Le matériel est dit de la 38e année du Meiji (1905).

Caractéristiques principales :

Calibre : 12 centimètres ;

Longueur de l'obusier : 10 calibres ;

Poids de l'obusier : 451 kilogrammes ;

Vitesse initiale avec la charge n° 1 : 290 mètres ;

La fermeture est à vis, comme celle du canon de 10cm,5 ;

La hausse est graduée jusqu'à 5,680 mètres ;

Pas de bouclier ;

Poids du projectile : 20 kilogrammes ;

Nombre de balles du shrapnel : 575 ;

Poids de la charge d'explosif : 5 kilogrammes.

Les charges peuvent comporter trois dosages différents.

L'avant-train contient 16 projectiles et 16 charges. Le caisson a une contenance double ; la pièce est attelée de six chevaux.

Obusiers de 15 centimètres (de la 38e année du Meiji). — Ces pièces proviennent également des usines Krupp ou d'Osaka (matière première fournie par le Creusot pour 30 pièces).

Calibre : 15 centimètres ;

Longueur de la pièce : 11 calibres ;

Fermeture, affût, etc., de construction analogue à ceux de l'obusier de 12 centimètres ;

Vitesse initiale : 290 mètres avec la charge n° 1 ;

Hausse graduée jusqu'à 5.890 mètres ;

Poids du projectile : 36 kilogrammes ;

Nombre de balles du shrapnel : 945 ;

Poids de la charge d'explosif : 8kg,5.

L'avant-train porte 12 projectiles et 12 charges; le caisson a un approvisionnement double. La pièce est attelée de huit chevaux.

Parcs de siège. — Il est question de les doter de pièces nouvelles de 21 centimètres, ainsi que de mitrailleuses Colt n° 1 (calibre $1^{cm},25$) dont les projectiles peuvent pénétrer à travers des masques, sacs à terre, etc.

Matériel d'artillerie de côte. — D'une façon générale, on préfère les affûts à éclipse aux coupoles cuirassées, trop coûteuses et délicates à manier.

On a décidé de s'en tenir désormais aux calibres suivants pour canons de côte : 15 centimètres à tir rapide, 27 centimètres et 305 millimètres. Les pièces auront 45 calibres de longueur et seront pourvues de masques cuirassés.

Pour le moment l'armement des batteries de côte est assez disparate.

Il comprend des mortiers de 9, 15 et 24 centimètres, des obusiers de 9, 10.5, 12, 15 et 28 centimètres, venant du Creusot, de chez Krupp et d'Osaka; et des canons de 9, 10.5, 12, 15, 19, 24, 27 centimètres, ayant les mêmes origines.

Mitrailleuses. — L'armée japonaise a définitivement adopté la mitrailleuse Hotchkiss, modifiée d'après les expériences de la guerre.

Une commande de 1,200 mitrailleuses a été faite à la maison Hotchkiss au printemps de 1907.

Les mitrailleuses de l'infanterie et de la cavalerie sont absolument semblables.

Les principales modifications apportées au modèle usité pendant la campagne sont les suivantes :

a) L'arme n'a plus de bouclier; celui-ci est jugé trop lourd pour l'offensive, et peu efficace dans la défensive. On utilisera le terrain, et on construira des épaulements;

b) L'arme peut tourner de 360° autour de son support;

c) Il n'est plus nécessaire de presser sur la gâchette pendant toute la durée du tir; la gâchette peut être engagée à cet effet dans un crochet-ressort, le tireur reprend le contrôle du tir en dégageant la gâchette de ce crochet;

d) L'angle sous lequel on peut tirer au-dessus, ou au-dessous de l'horizontale, a été augmenté, etc.

Les mitrailleuses de la cavalerie, comme celles de l'infanterie, sont des mitrailleuses à trépied, transportées sur chevaux de bât. On a complètement renoncé aux mitrailleuses sur roues.

Organisation :

Infanterie. — Chaque régiment d'infanterie est doté d'une batterie de six mitrailleuses subdivisée en trois sections de deux pièces, et commandée par un capitaine ou un lieutenant.

Le front d'une batterie de mitrailleuses, est d'environ 100 mètres. Chaque pièce est commandée par un sergent ou caporal, avec six servants. Il y a 24 chevaux de munitions par batterie.

Chaque pièce est accompagnée d'un cheval de munitions. Les autres chevaux de munitions forment un deuxième échelon.

Le règlement insiste sur le caractère offensif de la mitrailleuse; elle doit accompagner l'infanterie partout, même en première ligne, et être toujours en mesure d'intervenir utilement. Mais on ne doit pas essayer de lui faire jouer le rôle de l'artillerie.

Cavalerie. — Chaque brigade de cavalerie indépendante est dotée d'une batterie de huit mitrailleuses, commandée par un capitaine et deux lieutenants, et pouvant se partager en deux sections de quatre mitrailleuses.

La mitrailleuse doit suivre la cavalerie partout; elle est un auxiliaire puissant du combat à pied.

Le front d'une batterie de huit mitrailleuses est d'environ 120 mètres.

La batterie de huit mitrailleuses comporte 32 chevaux de munitions groupés en deux échelons.

Le chargement de la mitrailleuse sur le cheval de bât est le même dans l'infanterie et la cavalerie; à droite, l'arme, à gauche le trépied et la boîte à outils.

Le cheval de munitions porte deux caisses de tôle (1,200 cartouches chacune) disposées de chaque côté du bât.

Zone d'efficacité. — La zone d'efficacité de la mitrailleuse est entre 200 et 1,500 mètres. La nuit les résultats sont évidemment problématiques, mais l'effet moral qu'elle produit est toujours considérable. Quand l'artillerie a réglé son tir sur les mitrailleuses, le règlement prescrit de les changer de place. Le transport à bras, au moyen d'un homme à chacun des pieds du support, se fait très facilement.

Grenades à main. — Les Japonais ont perfectionné les grenades à main qu'ils employèrent souvent, ainsi que les Russes, dans le combat rapproché, au cours de la dernière guerre. La grenade actuelle se présente sous la forme d'un tube de fer d'environ 15 centimètres de long, contenant environ 90 grammes d'explosif, et emmanché sur un manche de bois permettant de lancer l'appareil plus facilement. Une étoupille prend feu au moment du choc.

Arsenaux. — Dès à présent, le Japon fabrique lui-même tout ce qui lui est nécessaire comme armement, habillement, équipement, etc. Il fabrique même les plaques de blindage.

Les arsenaux principaux de l'armée sont ceux de *Tokyo* et d'*Osaka*. Ils sont dirigés par la Commission des armes et munitions de Tokyo.

L'arsenal de Tokyo fabrique surtout les armes portatives. Le fusil a été inventé par le général Arisaka, président du Comité de l'artillerie, qui a fait ses études à Spandau. L'arsenal fournit également des armes blanches, des cartouches (10,000 par jour), des bicyclettes, outils, ustensiles de cuisine, etc. Les poudreries d'Itabashi et de Meguro, qui fabriquent de la cordite et une poudre analogue à la poudre B sont rattachées à l'arsenal de Tokyo; il y a une fabrique d'explosif shimose (analogue à la mélinite), dans une île de Shinagawa.

L'arsenal d'Osaka fabrique surtout des canons et munitions d'artillerie (souvent il usine les blocs d'acier reçus de chez Krupp ou du Creusot).

Il fabrique torpilles, tubes lance-torpilles, matériel de transport pour l'artillerie et le génie, ainsi que des machines-outils.

Sont rattachés à l'arsenal d'Osaka, la poudrière et la fabrique d'explosifs d'Uji, ainsi que les établissements de Moji (confection et réparation d'armes portatives, ateliers de sellerie et de charronnage, etc.).

B. — *Habillement.*

Profitant des expériences de la dernière guerre, les Japonais ont modifié la tenue de leur armée.

Désormais, tous les effets d'habillement pour la troupe, dans toutes les circonstances, et pour les officiers en tenue de campagne, seront de couleur khaki, en drap pour l'hiver, en toile pour l'été. La tenue comprend : une casquette (la forme en a été modifiée, la nouvelle casquette se rapproche de la casquette russe); une tunique ample, pourvue de poches, à un rang de boutons; une capote pourvue de poches et d'un capuchon mobile; une culotte ou un pantalon; des brodequins et des bandes molletières.

Les insignes de grade sont portés sur les pattes

d'épaules; les numéros des régiments sur l'écusson du col. Les armes ou services se distinguent par la couleur de cet écusson. La tenue de campagne des officiers est absolument pareille à celle de la troupe; les officiers continuent provisoirement à porter les anciennes tenues foncées pour la grande et la deuxième tenue. Les draps utilisés sont fabriqués dans une usine spéciale, dépendant du ministère de la guerre.

C. — *Équipement.*

Le sac japonais est analogue à l'ancien havresac français, recouvert en peau, le poil en dehors, avec cadre en bois léger; vide, il pèse 2^{kg},010.

Le paquetage d'hiver comprend : du linge de rechange, trousse de couture, brosse, etc.

Deux jours de vivres du sac (six sachets de riz et deux boîtes de conserve de viande, sucre et thé).

L'homme porte 80 cartouches dans son sac (120 dans les cartouchières).

Autour du sac, la couverture de campement avec un soulier de chaque côté ; le manteau et la toile de tente sont roulés par-dessus ; l'outil portatif, arrimé sur le sac, soit par-dessus, soit sur le côté.

Au combat, quand l'homme laisse son sac en arrière, l'outil est porté au ceinturon en avant de la baïonnette. La gamelle individuelle, en aluminium, de forme incurvée et d'une contenance de 1^{l},800, est arrimée sur la partie postérieure du sac.

Le sac chargé, avec l'outil, pèse environ 14 kilogrammes.

L'homme porte en outre :

Un bidon en aluminium ;

Un étui musette contenant : Un quart en aluminium, la ration de biscuit, la boîte à médecine, savon, brosse et poudre dentifrice, serviette, papier, pipe, tabac, etc....;

Un paquet de pansement ;

Deux paniers d'osier dans un filet, contenant les vivres du jour ;

Un *ceinturon* en cuir fauve avec les trois cartouchières (120 cartouches).

Équipement de combat. — L'équipement décrit plus haut est assez lourd. Pour alléger le soldat au combat, on ne lui fait porter que le strict nécessaire, roulé dans un long étui de cotonnade khaki nommé « seoï fûkûro ». Cet étui se porte en sautoir, de droite à gauche, et les extrémités se nouent sur la poitrine. Il renferme les vivres, les cartouches, les pièces de rechange, et certains objets indispensables, savon, etc. La gamelle individuelle est soit placée en dedans, soit arrimée par-dessus, l'outil portatif fixé au ceinturon, et le manteau roulé dans la toile de tente est porté en sautoir, de gauche à droite. Le sac est laissé en arrière, ou porté sur des voitures.

Outils portatifs. — Les outils portatifs du soldat japonais sont assez semblables aux nôtres. Chaque soldat porte un outil. La proportion est de deux tiers de pelles contre un tiers de piochettes, hachettes et scies. L'usage de plus en plus grand fait par les Russes des réseaux de fil de fer a amené les Japonais à porter à 30 le nombre des cisailles à main dans une compagnie. Le fait d'avoir été choisi comme porteur de cisailles est considéré comme un certificat d'audace et de bravoure.

Réserve d'outils du bataillon. — 72 outils de parc, sur deux chevaux de bât, au train de combat (48 pelles, 16 pioches, 8 haches).

Cavalerie. — 12 ou 16 hachettes et scies articulées, par escadron, portées par les cavaliers.

Génie. — 215 outils portatifs par compagnie (du modèle des outils de terrassiers). Le parc de compagnie possède 148 outils de parc.

Artillerie. — 85 outils divers par batterie.

Poids total porté par le fantassin japonais :

Poids normal complet (effets d'habillement, d'équipement, vivres, armement, cartouches de supplément, etc.) :

Avec l'équipement d'hiver, de 31 à 32 kilogrammes;

Avec la tenue de toile : 30 kilogrammes;

Sans cartouches supplémentaires (tenue d'hiver) : 29^{kg},960;

Sans toile de tente (tenue d'hiver) : 28^{kg},400;

Avec l'étui porte-effets (tenue d'hiver) : 25^{kg},240;

Avec l'étui porte-effets (tenue de toile) : 23^{kg},760.

Fourneau de campagne portatif. — Les ustensiles de cuisine collectifs sont portés au train régimentaire par des animaux de bât. On utilisa en outre en Mandchourie tous les ustensiles trouvés dans les fermes, maisons chinoises, etc.

Chaque compagnie possède 1 fourneau de campagne démontable, avec une marmite et accessoires divers.

Le tout peut être porté par deux chevaux. La marmite contient 53 litres et pèse 17 kilogrammes.

La dotation en appareils de cuisine est la suivante :

Bataillon d'infanterie : 4 appareils (10 chevaux, dont deux pour des marmites de rechange);

Escadron de cavalerie : 1 appareil, 2 chevaux;

Batterie d'artillerie : 1 appareil, 2 chevaux.

Ces appareils peuvent également être chargés sur des voitures (2 appareils par voiture).

IIe PARTIE

L'organisation de l'armée en temps de guerre.

CHAPITRE PREMIER

Organisation de l'armée japonaise en temps de guerre.

Sur le pied de guerre, l'armée japonaise comprend :

A. — *L'armée active mobilisée ;*
B. — *Les troupes de dépôt ;*
C. — *L'armée de réserve ou armée Kobi.*

A. — *Armée active mobilisée.*

Elle comprend :

a) Dix-neuf divisions actives mobilisées (dix-huit divisions plus la Garde impériale), renforcées par des brigades de réserve ;

b) Deux brigades de cavalerie indépendantes ;

c) Trois brigades d'artillerie de campagne indépendantes ;

d) L'artillerie de montagne ;

e) L'artillerie lourde ;

f) Les troupes de communication ;

g) La gendarmerie de campagne.

a) *Composition d'une division active mobilisée :*

Un quartier général, comprenant un état-major proprement dit et une adjudantur.

Deux brigades d'infanterie, de deux régiments à trois bataillons (effectif du régiment d'infanterie : 3,145 hommes; effectif des deux brigades : 12,618 hommes.

Un régiment de cavalerie à trois escadrons (435 sabres).

Un régiment d'artillerie de campagne (deux groupes de trois batteries de six pièces et six caissons : 1,106 hommes, 1,017 chevaux). Chaque régiment possède une réserve régimentaire de munitions : 27 caissons, dont 9 d'obus explosifs.

Un bataillon du génie à trois compagnies (784 hommes).

Un équipage de pont (de 40 à 50 mètres de longueur).

Quatre batteries de mitrailleuses (une par régiment d'infanterie).

Un corps sanitaire.

Une section de télégraphie.

Huit colonnes de munitions (4 d'infanterie, 4 d'artillerie), 60 voitures par colonne de munitions d'infanterie, 46 par colonne de munitions d'artillerie.

Quatre colonnes de vivres (chaque colonne porte un jour de vivres).

Quatre ou six hôpitaux de campagne.

Un dépôt de remonte mobile.

L'effectif total de la division atteint : 18,875 hommes, 4,938 chevaux, 1,765 voitures.

En principe, chaque division active est suivie en campagne d'une brigade de réserve de l'armée Kobi. Pendant la dernière guerre, ces brigades Kobi étaient des brigades mixtes, comprenant deux régiments à deux bataillons, un escadron, un groupe d'artillerie, etc. La tendance japonaise est de ne pas trop compter, pour les opérations de campagne, sur ces unités de cavalerie et d'artillerie de réserve. Il est probable que, désormais, les brigades Kobi, suivant les divisions actives, ne comprendraient que de l'infanterie.

D'autre part, un récent décret a porté les régiments d'infanterie Kobi de deux bataillons à trois bataillons.

La division active mobilisée, suivie de sa brigade Kobi, atteint ainsi un effectif d'environ 25,000 hommes.

b) *Deux brigades de cavalerie indépendantes* comptant chacune deux régiments à quatre escadrons, plus une batterie de huit mitrailleuses.

La brigade compte environ 1,650 hommes, 1,680 chevaux et les deux brigades, environ 3,300 hommes, 3,360 chevaux.

c) *Trois brigades d'artillerie indépendantes*, à deux régiments.

Chaque régiment comprend : deux groupes de six batteries, chacune à six pièces et six caissons.

Une réserve régimentaire de munitions (27 caissons dont 9 d'obus explosifs).

L'effectif du régiment est de 1,106 hommes, 1,017 chevaux, 36 pièces, 63 caissons, 120 autres voitures.

d) *L'artillerie de montagne* ne comporte plus que trois bataillons indépendants à trois batteries chacun — soit environ 1,800 hommes et 54 pièces. — Les unités d'artillerie de montagne seront réparties dans les armées qui auront à manœuvrer en pays de montagne.

e) *Artillerie lourde de campagne.* — Les unités d'artillerie lourde du temps de paix forment, à la mobilisation :

1° Les bataillons d'artillerie lourde chargés de la défense des points fortifiés, ports militaires, etc. (environ 12,000 hommes);

2° *Quatre régiments d'artillerie lourde de campagne*, comptant chacun deux bataillons ou groupes de trois batteries de quatre pièces chacune. L'un des groupes sera armé de canons de $10^{cm},5$, l'autre d'obusiers de 12 ou 15 centimètres. (Effectif total : environ 3,000 hommes).

On ne connaît pas exactement la proportion d'artillerie lourde de campagne qui sera affectée aux différentes armées. Aux dernières grandes manœuvres, il y avait deux groupes d'artillerie lourde affectés respectivement à chacune des armées (chaque armée comprenait deux divisions). Un des groupes se composait de trois batteries de quatre obusiers de 12 centimètres; l'autre groupe avait une batterie de canons de $10^{cm},5$ et deux batteries d'obusiers de 15 centimètres;

3° *Un ou plusieurs parcs de siège*, de composition inconnue. — Ces parcs de siège seront constitués par les deux régiments indépendants d'artillerie lourde (3e et 4e régiments de Yûra et Hiroshima) qui ont reçu, dès le temps de paix, des attelages (l'effectif des parcs de siège peut atteindre 3,000 hommes environ).

f) Troupes de communications. — Ces troupes, en temps de paix, constituent une brigade. A la mobilisation elles formeront :

1° *Les troupes de chemins de fer.* — On admet qu'il y a intérêt à pousser des lignes ferrées légères immédiatement à la suite des troupes, les accompagnant pas à pas dans leurs mouvements. On trouvera, dans les classes de Hojû, le nombre de terrassiers nécessaires pour renforcer les trois bataillons du temps de paix;

2° *Unités de télégraphie et de télégraphie sans fil* (un bataillon de cinq compagnies en temps de paix). — En campagne, les liaisons électriques prennent, dans l'armée japonaise, un développement extraordinaire;

3° *Une compagnie d'aérostiers* (à quatre sections; éventuellement une par armée);

4° *Des détachements de projecteurs;*

5° *Des équipages de pont d'armée.* — Ces équipages de

pont sont destinés à porter les voitures les plus pesantes de l'artillerie lourde de campagne, pour lesquelles les anciens ponts divisionnaires étaient insuffisants. Ils comportent des bateaux plus grands et d'un plus fort tirant d'eau que les ponts divisionnaires.

Chaque armée aura ainsi à sa disposition un pont de 300 mètres. On a réduit la longueur du pont divisionnaire, de 144 mètres à 50 mètres.

On peut estimer à 10,000 hommes l'effectif total des troupes de communications. Il faudrait y ajouter les troupes d'étapes, en nombre variable. Il est probable qu'au début on mobiliserait quatre ou cinq bataillons par armée, soit, éventuellement, vingt bataillons ou environ 20,000 hommes.

g) *Gendarmerie de campagne*, environ 4,000 hommes.

Effectif total de l'armée active mobilisée (chiffres approximatifs) :

	Hommes.	Chevaux.
19 divisions actives, suivies de 19 brigades de réserve	475,000	100,000
2 brigades de cavalerie indépendantes	3,300	3,300
2 brigades d'artillerie de campagne	3,300	3,300
3 bataillons d'artillerie de montagne	1,800	1,000
24 bataillons d'artillerie lourde (sédentaires)	12,000	?
4 régiments d'artillerie lourde de campagne	3,000	3,000
2 parcs de siège (éventuellement)	3,000	1,500
Troupes de communications	10,000	2,000
Troupes d'étapes	20,000	?
Gendarmerie de campagne	4,000	2,000
TOTAL GÉNÉRAL de l'armée de campagne	535,400	116,100

En chiffres ronds, 540,000 hommes, 116,000 chevaux.

Il y a lieu de tenir compte également des troupes suivantes :

	Hommes.
Divison de Formose	15,000
Milice de Tsoushima	1,500
Troupes de Saghalien	1,500
Gardes de chemin de fer de Mandchourie	10,000
Brigade du Petchili	6,000

Soit 34,000 hommes et environ 6,000 chevaux, ce qui porte l'effectif total de l'armée active mobilisée à environ *570,000* hommes, *122,000* chevaux.

Groupement en grandes unités. — Les divisions sont groupées par armées. Chaque armée comprend un nombre variable de divisions. Le Japon n'a pas encore adopté le groupement en corps d'armée. La division japonaise est, en fait, une unité intermédiaire entre notre division, et notre corps d'armée français.

Les commandants en chef des armées sont désignés par l'Empereur, parmi les maréchaux ou lieutenants généraux.

Une armée comprend :

1° *Un quartier général* (un état-major proprement dit, et une adjudantur). Le quartier général d'une armée compte 62 officiers (conseillers légistes, interprètes, représentants des différents services, etc.). A chaque armée est rattachée une direction d'étapes ;

2° Un nombre variable de divisions, suivies d'un nombre correspondant de brigades de réserve ;

3° Éventuellement des unités de cavalerie indépendantes ou d'artillerie de campagne ;

4° Éventuellement de l'artillerie de montagne et de l'artillerie lourde de campagne ;

5° Éventuellement un parc de siège ;

6° Des troupes de chemins de fer (un bataillon), des troupes de télégraphie (une compagnie) et de télégraphie sans fil ;

7° Des détachements de projecteurs ;

8° Une section d'aérostiers ;
9° Un équipage de pont d'armée ;
10° Des troupes d'étapes.

Commandement suprême. — Le chef suprême de l'armée et de la marine est l'Empereur, en guerre comme en paix.

Le *Conseil suprême des armées*, du temps de paix, devient le *Conseil supérieur militaire*.

Un nouvel organe entre en jeu, le *grand quartier impérial des armées*, qui réunit sous l'autorité de l'Empereur, le chef d'état-major, et celui de la marine, et leurs sous-ordres en nombre restreint.

Commandant en chef des armées. — Pour bien marquer que c'est l'Empereur qui reste le chef de l'armée, même en cours d'opérations, le commandement effectif des armées réunies en Mandchourie, pendant la dernière guerre, était exercé par le maréchal Oyama, chef d'état-major de l'Empereur, ordonnant et agissant au nom et place de l'Empereur lui-même, et ayant sous ses ordres un sous-chef d'état-major, le général Kodama.

B. — *Troupes de dépôt.*

L'armée active mobilisée est doublée des troupes de dépôt correspondantes, chaque unité active ayant une unité de dépôt destinée à encadrer les hommes laissés en garnison, les réservistes en surnombre, les hommes non instruits, etc. En principe il y a un bataillon de dépôt par régiment d'infanterie, un escadron par régiment de cavalerie, une batterie par régiment d'artillerie, une compagnie par bataillon du génie ou du train.

Les troupes de dépôt comprennent donc, en principe :

76 bataillons d'infanterie de dépôt;
23 escadrons de cavalerie de dépôt;
25 batteries de campagne de dépôt;
19 compagnies du génie de dépôt;
19 compagnies du train de dépôt.

Il y a en plus des unités de dépôt pour les unités d'artillerie lourde, d'artillerie de montagne, etc. Les effectifs de ces dépôts sont excessivement variables.

A la fin de la dernière guerre certains bataillons de dépôt avaient un effectif plus considérable que le régiment actif correspondant.

On peut estimer l'effectif moyen de ces troupes de dépôt entre 100,000 et 200,000 hommes.

C. — *Armée de réserve ou armée Kobi.*

Il est également assez difficile d'évaluer exactement l'effectif de cette armée dont les unités se mobilisent aux chefs-lieux des districts régimentaires, et aux chefs-lieux de circonscriptions de divisions, au moyen de dix classes disponibles de l'armée Kobi.

En principe, l'armée Kobi doit constituer :

72 régiments d'infanterie à trois bataillons;
36 escadrons;
18 régiments d'artillerie de campagne à quatre batteries;
18 bataillons du génie;
18 bataillons du train.

On sait que chaque division active en campagne est suivie d'une brigade d'infanterie Kobi. Ce que l'on ne sait pas exactement, c'est si les brigades de Kobi qui suivent les armées en campagne doivent s'ajouter aux chiffres donnés ci-dessus, ou si elles sont constituées au moyen des soixante-douze régiments dont il est parlé plus haut. On n'est pas renseigné non plus sur les possibilités qu'aurait le Japon de mobiliser les chevaux nécessaires à l'artillerie et à la cavalerie de l'armée Kobi.

Au point de vue du matériel, il n'est pas douteux que le Japon possède des réserves suffisantes (provisoirement de fusils et de canons du modèle antérieur au modèle actuel, mais de même calibre et tirant les mêmes munitions).

Les troupes de l'armée Kobi peuvent être affectées aux places fortes, aux étapes, à la défense des côtes, etc. Elles peuvent également être utilisées pour les opérations de campagne.

L'effectif théorique de l'armée de réserve ou armée Kobi, peut varier entre 200,000 et 250,000 hommes, si nous en défalquons les brigades de réserve destinées à suivre les unités actives ; si nous ne faisons pas cette défalcation, l'effectif varierait entre 350,000 et 400,000 hommes.

La tendance très marquée et certaine de l'état-major japonais est de doubler l'armée active d'une armée Kobi ayant le même nombre d'unités et le même effectif d'hommes instruits que l'armée active.

Effectif total. — On peut estimer, car nous devons nous contenter de chiffres approximatifs, que l'effectif total de l'armée japonaise, au moment d'une nouvelle mobilisation, varierait entre 970,000 et 1,200,000 hommes, et que les besoins de l'armée exigeraient de 150,000 à 170,000 chevaux.

Nous avons vu, dans le chapitre relatif au recrutement, que dès maintenant le Japon peut compter sur 700,000 hommes instruits, chiffre très suffisant pour mobiliser l'armée active de campagne. Les très nombreuses classes disponibles non instruites constitueraient les dépôts et les unités de l'armée de réserve, et, en quelques mois, recevraient une instruction suffisante. Nous avons vu d'autre part que, lorsque la loi actuelle aura son plein effet, le Japon pourra disposer de 1,638,000 hommes instruits, dont :

742,800 pour l'armée active;
780,000 pour l'armée Kobi;
115,200 pour le Kokumin, 1re partie.

Les Japonais ont donc, dès maintenant, le nombre d'hommes qui leur est nécessaire et la situation s'améliorera, à ce point de vue, chaque année.

CHAPITRE II

Mobilisation.

Préparation et exécution de la mobilisation. — Les règles d'après lesquelles doit s'effectuer la mobilisation sont toujours celles du décret du 11 octobre 1899. Il n'y a rien de changé à ce sujet, et il n'y a qu'à se reporter aux différents articles déjà publiés par la *Revue* sur l'armée japonaise. (Février 1904, septembre 1907.)

En résumé la mobilisation repose sur les mêmes principes qu'en France et en Allemagne. L'ordre, lancé par l'état-major général, est notifié aux chefs-lieux des circonscriptions administratives, les affiches placardées dans les mairies, et les hommes se rendent au lieu de mobilisation indiqué sur leur livret. Les lieux de mobilisation des divers éléments coïncident en général avec les garnisons du temps de paix.

Les commandants des districts régimentaires, groupés deux par deux sous la surveillance des généraux de brigade, sont chargés de l'affectation et de l'administration des hommes des réserves, et tiennent les listes et contrôles nécessaires.

Le plan de mobilisation est établi chaque année au 1er avril.

Infanterie. — Chaque district régimentaire mobilise :

1° Le régiment actif d'infanterie correspondant ;

2° Le dépôt du régiment d'infanterie (un bataillon par régiment) ;

3° Un régiment d'infanterie Kobi pour l'armée de réserve.

Armes autres que l'infanterie. — Les unités de cavalerie, d'artillerie, du génie, etc., se mobilisent au chef-lieu de la circonscription divisionnaire au moyen d'hommes prélevés dans l'ensemble de la circonscription. Les troupes de la Garde, les unités indépendantes d'artillerie, de cavalerie, etc., sont complétées par certaines circonscriptions déterminées. Chaque circonscription divisionnaire mobilise en outre :

1° Les *dépôts* des unités actives correspondantes, savoir :

Un escadron par régiment de cavalerie;
Une batterie par régiment d'artillerie;
Une compagnie par bataillon du génie;
Une compagnie par bataillon du train.

2° Des unités de l'armée Kobi, à savoir, par circonscription :

Deux escadrons de cavalerie;
Un régiment d'artillerie à quatre batteries;
Un bataillon du génie;
Un bataillon du train.

La mobilisation n'est pas forcément générale; elle peut être limitée à une ou plusieurs circonscriptions, et avoir lieu par classe ou fraction de classe.

Les généraux et les divers chefs de service sont secondés dans les opérations de la mobilisation, par les officiers du cadre de réserve, qui doivent prendre le commandement du territoire après le départ des troupes actives.

Temps nécessaire à la mobilisation. — Les réservistes doivent se mettre en route pour le centre de mobilisation, le deuxième jour à 6 heures du matin.

On estime qu'il faut compter de 12 à 18 jours pour la mobilisation complète de l'armée active. Mais la situation privilégiée du Japon lui donne à cet égard une grande latitude.

Si nous nous reportons à 1904, nous voyons que l'ordre de mobilisation, lancé le 6 février, touchait peu après les 12e, 2e divisions, et la division de la Garde, qui devaient constituer la Ire armée. La 12e division pouvait commencer son embarquement à Nagasaki le 13 février. La 2e division et la Garde étaient concentrées à Hiroshima dans la seconde quinzaine de février.

Les transports de concentration pourraient commencer vers le 7e jour pour les éléments les premiers prêts.

La mobilisation des troupes de dépôt doit commencer en même temps que celle de l'active. Elle pourrait être terminée du 20e au 25e jour; l'armée de réserve (armée Kobi) serait prête à peu près en même temps.

Réquisition des chevaux. — La réquisition des chevaux en cas de mobilisation, au Japon, repose sur des principes analogues à ceux qui sont en vigueur en France et en Allemagne. Tous les ans est établi un plan de réquisition des chevaux, comme en France.

Le dernier recensement des chevaux au Japon (du 31 décembre 1904) indique un total de 1,390,085 chevaux, juments et mulets. Mais une faible partie seulement est susceptible d'un service de guerre. Nous avons déjà vu (Ire partie, chapitre II), que les Japonais durent acheter 15,000 chevaux en Amérique au cours de la dernière guerre.

Réquisition des voitures. — Cette réquisition est préparée d'après les mêmes principes que la réquisition des chevaux. Pendant la guerre avec la Russie, les Japonais ont utilisé des voitures de toutes sortes, voitures traînées par des chevaux, par des bœufs, par des coolies, etc.

Le recensement du 31 mars 1906, indique au Japon un total de 1,742,092 véhicules de toute nature; mais une infime partie seulement est susceptible d'une utilisation militaire quelconque.

CHAPITRE III

Transports et communications.

Chemins de fer. — Un des facteurs les plus importants, au point de vue de la mobilisation et de la concentration, est l'organisation d'un bon réseau ferré et routier. Le *Résumé statistique officiel de l'Empire japonais pour 1907* donne les renseignements suivants. La longueur totale du réseau atteignait, le 31 mars 1906, 10,260 kilomètres, dont 3,460 appartenaient à l'État et 6,800 à différentes compagnies, 640 kilomètres étaient en construction.

Une loi du 31 mars 1906, dite loi de nationalisation des chemins de fer, autorise le gouvernement à racheter un certain nombre de lignes appartenant à 17 compagnies privées, lignes dont la longueur totale atteindrait 4,525 kilomètres. Cet achat doit être réparti sur une période de 10 années.

Il existait, à la date du 31 mars 1906 : 1,717 locomotives ; 5,340 voitures pour voyageurs; 27,183 voitures pour marchandises.

L'écartement de la voie japonaise n'est que de $1^{m},067$ (la voie normale en France est de $1^{m},43$).

La vitesse des trains varie de 25 à 30 kilomètres à l'heure. En montagne elle est de 22 kilomètres. Les trains militaires ne font que 18 à 20 kilomètres.

Configuration d'ensemble du réseau. — Dans la grande île, deux lignes longitudinales partent de l'extrémité Nord de l'île et se dirigent vers Tokyo, réunies par six transversales seulement (une tranversale dans la première moitié septentrionale du trajet). De Tokyo, part une ligne qui suit la côte méridionale de l'île pour aboutir à l'extrême pointe Sud-Ouest à Shimonoseki.

Ile de Kiu-Siu. — Une ligne suit la côte Nord, décrivant une espèce de demi-circonférence, et passe par les villes les plus importantes de l'île (Nagasaki, Sasebo, Moji, etc.); une ligne traverse l'île du Nord au Sud de Fukuoka à Kagoshima.

Hokkaido. — Une ligne Sud-Nord, prolongeant les lignes de la grande île, et une ligne s'embranchant sur la précédente, et traversant l'île de l'Ouest à l'Est.

En Mandchourie, le réseau japonais, est raccordé au réseau russe, mais avec une interruption de 600 mètres entre les deux gares terminus. Les Japonais construisent une ligne de la largeur japonaise de Moukden à Kirin.

Capacité des trains militaires. — La capacité d'un train militaire japonais est à peu près la moitié de celle d'un train français.

Un train militaire ne peut transporter que deux compagnies d'infanterie, ou trois pelotons de cavalerie, ou deux tiers de batterie de campagne, etc.

Il faut un minimum de 77 trains pour le transport d'une division mobilisée (sans compter la brigade de réserve), dont 41 trains pour les troupes, et 35 pour les parcs et convois.

Le règlement estime que, normalement, l'embarquement d'un élément exige :

Pour l'infanterie et le génie.................	1 heure.
Pour la cavalerie..........................	1 h. 30.
Pour l'artillerie, les parcs et convois	2 heures.

Rendement des voies ferrées à la mobilisation. — Il ne semble pas devoir être supérieur au rendement normal.

Le plan de transport est établi chaque année, à la date du 1er avril. Les graphiques de marches sont du modèle usité en France. Ils comportent une vingtaine de marches, dont un certain nombre laissées en blanc. Il y a, comme chez nous, des commissions de gare d'embarquement, de halte-repas, de rassemblement, etc.

Brigade de troupes de communications. — Nous avons vu que cette brigade comporte un *régiment des chemins de fer* à trois bataillons de quatre compagnies ; chaque compagnie se mobilise à 250 hommes.

Transports de mobilisation, de concentration, transports stratégiques. — A la mobilisation, les chemins de fer seront utilisés pour les mouvements dans l'intérieur des circonscriptions, et pour les mouvements d'une circonscription à une autre (hommes de complément destinés à la Garde, aux unités indépendantes de cavalerie et d'artillerie, etc.). Tous les points de rassemblement des divisions sont reliés entre eux par des voies ferrées, et presque tous les lieux de mobilisation le sont également. Pendant la seconde moitié du mois de février 1904, la 2e division japonaise et la Garde ont été concentrées à Hiroshima par voie de fer, avec une grande régularité. La moyenne des trains militaires, au moment le plus chargé, a été de dix-huit par vingt-quatre heures.

Dans le cas peu probable d'une guerre défensive, les gros mouvements de troupes par chemins de fer, en cours d'opérations, trouveraient un sérieux obstacle dans le rendement relativement faible du réseau japonais. Certaines voies, qui longent le littoral, peuvent en certains points, être canonnées du large.

Routes. — Les Japonais s'attachent à développer leur réseau routier ; la nature montagneuse du pays augmente l'importance d'un bon réseau routier. On a prévu le transport des troupes sur routes, au moyen de grandes voitures automobiles. Quatre-vingts de ces voitures ont été importées d'Amérique pendant la dernière guerre.

Télégraphes et téléphones. — Le réseau télégraphique du Japon est très développé : à la fin de 1906, il existait environ 30,814 kilomètres de lignes et 144,862 kilomètres de fils. Les îles Tsoushima, Goto, Liu-Kiu, sont reliées aux grandes îles par des câbles sous-marins. Les réseaux téléphoniques se développent de jour en jour ; ils atteignaient, en 1905, une longueur d'environ 5,460 kilomètres de lignes, avec 73,937 kilomètres de fils.

Transports maritimes. — La question des transports maritimes en cas de guerre a, au Japon, cela se comprend de soi, une importance toute spéciale. Toute opération de guerre implique pour le Japon une coopération plus ou moins complète de la flotte marchande, aussi bien que de la flotte de combat. La réquisition et l'emploi éventuel de la flotte marchande ont été l'objet d'une préparation extrêmement minutieuse.

Au lendemain de la guerre avec la Chine, le gouvernement fit voter en 1896, une loi dite « Loi d'encouragement » accordant aux compagnies de navigation des primes proportionnelles au tonnage et aux distances parcourues, avec des taux différents selon que les bateaux ont été construits au Japon ou à l'étranger. Par contre, les bâtiments qui reçoivent la prime doivent être à la disposition de l'État en cas de mobilisation, pour des prix d'affrètements convenus. La loi de 1896 provoqua une poussée énorme dans les constructions, et pour enrayer l'activité trop grande qui s'était manifestée, une loi de 1899 réduisit de moitié le taux des subventions.

Les principales compagnies de navigation dont le concours est prévu en cas de guerre, sont les suivantes : Nippon Yusen Kaisha, Osaka Shosen Kaisha, Toyo Kisen Kaisha, Mitsui Bussan Kaisha et Mitsu Bishi Kaisha. Dans les contrats qui lient les compagnies au gouvernement, tout est prévu pour l'utilisation des navires de la flotte marchande comme transports de personnel ou de matériel, bâtiments-hôpitaux, ravitailleurs de charbon, etc.

Des mesures sont arrêtées d'avance pour l'armement militaire immédiat des navires à la mobilisation, le prix d'affrètement, la détermination des effectifs à embarquer, le matériel à disposer, etc. Enfin, l'entretien du matériel est assuré en temps de paix. Il est déposé soit dans les magasins des compagnies, soit dans les arsenaux ou dépôts de Yokosuka, Osaka, Touruga, Ujina (Hiroshima) et Moji.

Organisation militaire du service des transports maritimes. — Le service des transports par mer relève de l'état-major de l'armée, 4e bureau. Des commissions de port sont installées à la mobilisation dans les ports d'embarquement. Le service des étapes aux armées doit assurer la composition des commissions de débarquement.

Exercices d'embarquement. — Les troupes japonaises font, dès le temps de paix, des exercices d'embarquement, de débarquement et de navigation. L'embarquement et le débarquement se font soit à quai, soit au moyen de canots à vapeur et de sampans. Aux termes du règlement pour le transport des troupes par mer, l'évaluation de la capacité de transport des navires est calculée sur les bases suivantes : 1 mètre cube (une tonne) par homme ; 4 m. c. 1/2 (4 t. 1/2) par cheval. Les armes, canons, bagages, munitions, trouvent leur place en surplus. D'après cela on compte pour :

Un bataillon d'infanterie	1,800	tonneaux.
Un escadron de cavalerie	1,000	—
Une batterie d'artillerie	1,100	—
Une compagnie du génie	550	—
Une ambulance divisionnaire ou deux hôpitaux de campagne	1,000	—
Un équipage de pont	1,500	—

Soit en gros pour une division au complet, 50,000

tonnes, soit de 25 à 30 bâtiments de 1,800 à 2,000 tonnes.

Capacité de transport de la flotte marchande japonaise. — La dernière statistique officielle date de l'année 1905. Depuis, la flotte marchande s'est encore accrue considérablement. Ainsi, la Nippon Yusen Kaisha qui comptait en 1904, 64 bâtiments avec un tonnage total de 217,242 tonnes, compte actuellement 95 bâtiments avec un tonnage de 340,000 tonnes. Elle possède 12 bateaux de 6,000 tonnes et 6 de 9,000 tonnes. Elle assure le service sur les lignes d'Europe (Anvers), d'Amérique, d'Australie, de l'Inde, etc.

Si nous voulons nous faire une idée de la capacité de transport de la flotte marchande japonaise, nous ne devons compter que les bateaux de plus de 1,000 tonnes (les bateaux de 1,000 tonnes ont été utilisés pour les transports de la dernière guerre, mais leur emploi deviendrait peut-être dangereux pour des traversées plus longues).

Le 31 décembre 1906 il y avait 321 bateaux de plus de 1,000 tonnes, jaugeant 826,545 tonnes. En tenant compte pour la période 1905-1908 de la moyenne d'accroissement au cours des dernières années, nous arrivons, pour 1908, à un total d'environ 350 bateaux de plus de 1,000 tonnes, représentant un tonnage d'environ 900,000 tonnes.

Ces bateaux ne seraient pas tous disponibles le premier jour de la mobilisation, et un certain nombre seraient répartis sur les différentes mers du globe, mais ils ne tarderaient pas à rallier les ports métropolitains.

Si nous nous reportons à l'expérience de la dernière guerre nous voyons qu'à la fin de janvier 1904, *dix jours avant le début des hostilités*, la flotte de commerce avait reçu l'ordre de se tenir prête à fournir, sur première réquisition, 80 bâtiments. Le 15 avril, environ deux mois après le début de la guerre, le total des bâtiments affrétés par le Japon atteignait 195, jaugeant 466,115, soit près des sept dixièmes de la flotte commerciale nipponne, et, à une trentaine d'exceptions près, tous ses navires de plus de 1,000 tonnes.

On peut estimer, qu'actuellement, un mois après la mobilisation les Japonais pourraient disposer des deux tiers de leur flotte, avec un tonnage d'environ 600,000 tonnes, ce qui leur permettrait de transporter en bloc neuf ou dix divisions, la moitié de l'armée active mobilisée, avec 150,000 ou 100,000 tonnes de matériel.

Mais de tels transports dépendent de circonstances très variables ; ils nécessitent par ailleurs des conditions de sécurité, de ravitaillement, etc., qu'il est impossible de traiter ici.

Prix d'affrètement. — Pendant la dernière guerre, les prix d'affrètement consentis à l'amiable ont varié, par mois et par tonne (le charbon à la charge de l'État), de 11 fr. 50 à 6 fr. 25 suivant la classe du navire (l'âge et le tonnage du navire déterminent sa classe).

Points d'embarquement. — Au début de la guerre, les embarquements ont eu lieu aux points ci-après :

Ile de Kiu-Siu. — Nagasaki, Sasebo, Moji, Mizumi.

Grande Ile. — Ujina, Yokosuka, Osaka, Aomori.

A chaque voyage, il fallut compter en moyenne de trois à quatre jours pour l'embarquement et le débarquement. Pour des transports importants il ne faut pas compter sur une vitesse de marche moyenne supérieure à 10 nœuds. La durée du voyage proprement dit était de deux jours et demi à trois jours pour Chemulpo, de trois jours et demi pour Tchenampo, dans les circonstances de temps favorable, ce qui faisait une moyenne de sept jours en comptant le temps de l'embarquement et du débarquement.

CHAPITRE IV

Défense des côtes.

Plan général. — Les Japonais se sont proposé d'interdire à l'ennemi l'accès de la Mer intérieure, considérée comme un réduit de la vie nationale ; ils ont mis également à l'abri d'un coup de main les villes importantes qui ne sont pas sur la Mer intérieure.

La Mer intérieure s'étend entre l'extrémité occidentale de la grande île, ou Nippon, et, au Sud de celle-ci, les îles de Kiu-Siu et de Shikoku. La petite île d'Awaiji barre le détroit entre l'île de Shikoku et le prolongement méridional de Nippon, de telle sorte que la Mer intérieure communique avec les mers ouvertes par quatre détroits, ceux d'Isumi, de Naruto, de Simonoseki et de Boungo ; ces détroits sont défendus par des ouvrages fortifiés. Les trois premiers sont très étroits et très faciles à défendre. Au contraire, le dernier (entre Kiu Siu et Shikoku) est très large et se présente dans de mauvaises conditions défensives. Aussi, les Japonais ont-ils songé à limiter les incursions possibles des escadres ennemies dans la Mer intérieure en constituant un dernier barrage entre la côte Nord de Shikoku et la côte Sud de Nippon. Ils ont organisé défensivement les passages de Geiyo, Kaikyo, à hauteur de Kuré, passages déjà difficiles naturellement, et resserrés entre de nombreuses îles.

Les principaux points fortifiés sur la Mer intérieure, sont les suivants :

Ensemble fortifié Simonoseki-Kokura-Moji, défendant

le passage de Simonoseki-Moji et possédant un arsenal important.

Kuré, grand port militaire et l'arsenal le plus important du Japon. Nombreux bassins et cales de construction, fonderies, forges, ateliers, etc.

Hiroshima (avec Ujina), centre militaire important, point d'embarquement de troupes.

Kobé, grand port, avec des quais importants, docks, chantiers, etc.

Osaka, arsenal militaire de premier ordre, avec poudrerie, ateliers, etc.

En dehors de la Mer intérieure, les points principaux ayant une importance militaire, sont les suivants (la plupart sont fortifiés).

Ile de Kiu-Siu : Kagoshima, au Sud de l'île. Arsenal d'artillerie, poudrerie et cartoucherie.

Nagasaki. — Un des premiers ports de commerce du Japon, très bien défendu par des ouvrages modernes. Nagasaki possède le chantier de construction le plus important du Japon, celui de la compagnie Mitsu Bishi. C'est des ateliers de cette compagnie que sont sortis les douze bateaux de 6,000 tonnes de la Nippon Yusen Kaisha, les six bateaux de 9,000 tonnes de la même compagnie et les deux bateaux de 14,000 tonnes de la Toyo Kisen Kaisha.

Les chantiers de la Mitsu Bishi emploient 8,000 travailleurs, et ont une puissance de construction annuelle de 30,000 tonnes.

Sasebo, 3e préfecture maritime. Base d'opérations en cas de guerre avec la Chine. Arsenal très bien outillé.

Wakamatsu, à l'Ouest du détroit de Simoneseki. Fonderie d'acier appartenant à l'État.

Ile de Nippon. — *Maizuru*, 4e préfecture maritime. Arsenal.

Ominato, 5e préfecture maritime. Au Nord de l'île, mouillage peu fréquenté. Sans défenses.

Golfe de Tokyo. — Le golfe de Tokyo est protégé par un ensemble fortifié important qui met à l'abri d'une attaque la capitale avec tous ses établissements militaires, le port de commerce important de Yokohama, et le port militaire et l'arsenal de Yokosuka. Cet arsenal possède des cales de construction importantes, des ateliers, des forges, etc.

Ile d'Yéso. — Le point le plus important sur la côte est Hakodaté, au Sud de l'île, sur le détroit de Tsougaru. Ce point est bien défendu par des ouvrages modernes.

Iles extérieures. — Les points stratégiques les plus importants sont : l'île de Tsoushima et les ouvrages de Formose et des Pescadores.

L'île de *Tsoushima* a une organisation défensive très sérieuse.

Ile de Formose (*Taïwan*). — Cette île appartient au Japon depuis 1895. Le plateau central et la bande orientale sont encore aux mains des autochtones. Les Japonais, comme autrefois les Chinois, ne vivent et n'exercent leur autorité que dans la bande Ouest, entre l'arête centrale et la mer. La richesse de l'île consiste dans l'exploitation des mines de charbon de Kelung, au Nord de l'île, la production du camphre, du thé, etc.

Une route et une ligne de chemin de fer traversent l'île du Nord au Sud, parallèlement à la côte Ouest.

Les défenses de l'île sont surtout localisées au Nord, autour des ports importants de Kelung et de Tamsui.

On sait que l'île est occupée par une division de composition spéciale (voir Ire partie, chapitre II).

Iles Pescadores. — La défense de ces îles comporte plusieurs forts : la capitale, la ville de Makung, est bien défendue.

Caractéristiques des ouvrages de défense japonais. — En général, les mouvements de terre sont considérables et très visibles, et on a recherché les grands commandements ; les batteries sont pourvues d'observatoires cuirassés. Les pièces sont groupées par quatre ou par deux. Pour la défense rapprochée, batteries rasantes bien défilées. L'armement est des plus variés.

D'une manière générale, on peut dire que tous les points importants sont pourvus des derniers engins modernes au point de vue de l'organisation du tir, projecteurs, observatoires, défenses sous-marines, etc.

Préfectures maritimes. — Il est établi une préfecture maritime dans chacun des ports suivants : Kuré, Yokosuka, Sasebo, Maïzuru, Ominato. Un officier supérieur de l'armée de terre est toujours adjoint à l'état-major du préfet maritime.

Loi sur la défense des côtes. — En ce qui concerne la défense des côtes, les rapports de la guerre et de la marine sont déterminés par une loi spéciale dite « Loi sur la défense des côtes », qui règle la part qui revient à chacun des services, en général, et dans chaque cas particulier.

Le commandant supérieur de la défense est, suivant le cas, le général gouverneur, assisté d'un officier supérieur de la marine, ou le préfet maritime, auquel est adjoint un officier d'état-major de la guerre, dès le temps de paix.

Câbles télégraphiques sous-marins. — Le Japon est relié par de nombreux câbles avec le continent asiatique, avec les Philippines et les îles Hawaï. Les différentes îles sont reliées entre elles par un réseau très complet appartenant à l'État.

Troupes destinées à assurer la défense des côtes. — En dehors des opérations des escadres ou des torpilleurs, et de l'action des organes purement maritimes qui doivent coopérer à la défense des points fortifiés (service des renseignements, projecteurs, lignes de torpilles, etc.).

la défense de ces points est assurée par les batteries d'artillerie de côte et par l'action des forces de la guerre destinées d'une part à garder ces batteries et à les appuyer, d'autre part en cas de débarquement, à repousser toute attaque et à prendre l'offensive contre toute troupe ennemie débarquée.

Les batteries de côte sont servies par des unités d'artillerie lourde dépendant du ministère de la guerre.

Le chapitre II donne des indications sur la composition de l'artillerie lourde, et le dédoublement de ses unités en cas de guerre. Il est probable que les trente bataillons d'artillerie lourde (y compris ceux de Formose, de Tsoushima, de Corée et de Port-Arthur) seront renforcés par de nombreux bataillons de réserve.

Forces mobiles (infanterie, artillerie, etc.). — Suivant le genre de guerre que le Japon aurait à soutenir, la défense des côtes et celle du territoire, dans le cas plus qu'improbable d'une attaque sérieuse avec de gros effectifs, serait assurée soit par des troupes actives de campagne, soit par des troupes de l'armée de réserve (armée Kobi) restées sur le territoire. Le réseau ferré permettrait de transporter rapidement des réserves sur les points menacés. Malheureusement, souvent les voies ferrées passent très près de la côte et pourraient être canonnées du large.

CHAPITRE V

Marine de guerre.

Une étude militaire du Japon, puissance insulaire et essentiellement maritime, a besoin d'être complétée par une étude, si sommaire soit-elle, de la marine de guerre de cet empire.

Administration et commandement. — L'Empereur est le chef suprême de la marine, comme de l'armée, en paix et en guerre.

En temps de guerre, l'Empereur est secondé dans son commandement suprême, par le grand quartier général ; en temps de paix, par le Conseil suprême des armées.

Comme organes de commandement et d'administration, relevant directement de l'Empereur et nommés par lui, nous trouvons : le Ministre de la marine, le chef d'état-major général de la marine, les cinq préfets maritimes et les commandants des deux escadres permanentes.

A côté du ministère et de l'état-major général, il y a quatre conseils permanents : le Conseil de santé, le Conseil d'amirauté (avancement des officiers), le Conseil supérieur de la marine et le Conseil des travaux.

Personnel de la marine. — Les officiers sont choisis parmi les élèves de l'École navale, ou parmi les jeunes gens qui, pourvus de certificats d'études équivalents au programme de l'école, ont passé avec succès l'examen de la marine.

Le mode de recrutement des matelots est à peu près

le même que celui des hommes de l'armée de terre; la durée du service pour les hommes provenant du recrutement est de quatre ans dans l'active, cinq ans dans la réserve, un an dans le dépôt.

L'avancement se fait par grade. Aucun officier ni aucun maître n'a droit à l'avancement s'il n'a accompli le temps fixé de service actif à bord d'un bâtiment pour l'officier; à bord ou à terre, pour un sous-officier.

Les premiers maîtres ne peuvent être promus directement aux grades d'officiers; mais s'ils remplissent, d'autre part, les conditions nécessaires au point de vue de l'énergie, des capacités, etc., ils peuvent subir l'examen de la marine et devenir officiers.

Au 1er janvier 1905, la marine japonaise comptait :

2,011 officiers, dont 5 amiraux, 13 vice-amiraux, et 26 contre-amiraux;
526 mécaniciens;
130 ingénieurs (des constructions, hydrographes et d'armes);
324 médecins;
19 pharmaciens;
295 commissaires;
8,104 premiers maîtres, et sous-officiers (y compris 202 titulaires de certaines spécialités);
25,600 hommes d'équipage.

soit un effectif total de 36,962 hommes.

Il y a lieu d'y ajouter, la 1re réserve : 6,661 hommes et la 2e réserve : 2,376. Ce qui fait un chiffre total de 46,252 hommes.

Réserves navales. — Le personnel de complément de la marine japonaise est compris dans les deux classes connues sous le nom de 1re et 2e réserve.

Les officiers et premiers maîtres, d'un âge inférieur à celui fixé pour la mise à la retraite dans leur grade et qui quittent le service pour une cause quelconque, font partie de la 1re réserve. Après avoir atteint la limite d'âge ils passent dans la 2e réserve, où ils restent pendant cinq ans à la disposition de la marine. Les officiers peuvent être rappelés jusqu'à 50 ans (303 officiers et premiers maîtres dans les 1re et 2e réserves, le 1er janvier 1905).

Les *sous-officiers* ne figurent que dans la 1re réserve, après seize ans de service (active ou 1re réserve) ils sont versés dans l'armée nationale (642 sous-officiers dans la 1re réserve le 1er janvier 1905).

Équipages. — A la date du 1er janvier 1905 il y avait : 5,895 hommes dans la 1re réserve et 2,189 dans la 2e réserve.

Les officiers et les mécaniciens de la marine marchande, les diplômés de l'École commerciale, peuvent compter comme officiers dans les réserves navales, dans certaines conditions.

Spécialités. — Il existe pour les officiers quatre spécialités : état-major, torpilles, navigation, canonnage.

Les officiers d'état-major sortent de l'École supérieure de la marine.

Les officiers se destinant aux trois autres spécialités sont, sur la proposition de leurs chefs et dans certaines conditions, admis à l'Académie navale de Tokio. Ensuite, après avoir subi un examen de sortie, ils sont dirigés sur les écoles pratiques spéciales.

Construction des bateaux de guerre. — Le Japon construit actuellement lui-même tous ses bateaux de guerre, dans ses ateliers de Kobé, Yokosuka, Sasebo, Kuré, etc. Il peut construire des cuirassés de n'importe quelle dimension sans acheter à l'étranger autre chose que des tubes de laiton et certaines machines auxiliaires. Par exemple, tout l'acier nécessaire pour le dernier croiseur cuirassé de 14,600 tonnes, l'*Ibuki*, provient des fonderies de l'arsenal de Kuré et de la fonderie d'Edamitsu.

Parmi les bateaux terminés en 1907 et construits au Japon il y a lieu également de citer le *Kurama*, croiseur cuirassé de 14,600 tonnes, construit à Yokosuka; le *Tone*, petit croiseur protégé de 4,200 tonnes, construit à Sasebo, etc. L'*Ibuki* a été lancé le 21 novembre 1907, à Kuré, six mois seulement après la pose de sa quille.

État de la flotte. — Le Japon possédait le 1er janvier 1907, tant en escadres qu'en réserve ou en chantiers, les bâtiments suivants :

13 cuirassés de 1re classe, de 11,000 à 20,000 tonneaux ;
2 cuirassés de 2e classe, de 7,300 à 9,000 tonneaux ;
2 cuirassés de 3e classe, de 4,900 à 4,100 tonneaux ;
10 croiseurs cuirassés de 1re classe, de 9,600 à 18,000 tonneaux ;
3 croiseurs cuirassés de 2e classe, de 7,800 tonneaux ;
1 croiseur cuirassé de 3e classe, de 2,200 tonneaux ;
10 croiseurs protégés de 2e classe, de 4,000 à 6,500 tonneaux ;
8 croiseurs protégés de 3e classe, de 3,000 tonneaux environ ;
9 avisos-torpilleurs ;
51 contre-torpilleurs ;
18 torpilleurs de 1re classe ;
32 torpilleurs de 2e classe ;
20 torpilleurs de 3e classe ;
13 sous-marins ;
19 canonnières ;
2 canonnières de rivière ;
13 bâtiments auxiliaires (ateliers, ravitailleurs, hôpitaux, etc.) ;
21 bâtiments de port ;
3 bâtiments marchands, croiseurs auxiliaires.

Il y avait alors en projet :

1 cuirassé de 21,000 tonneaux ;
1 croiseur cuirassé de 18,650 tonneaux ;
2 croiseurs protégés de 4,200 tonneaux ;
2 torpilleurs de 2e classe ;
2 sous-marins.

Répartition des forces navales constituées, armées ou en réserve (au 1er janvier 1907) :

Les forces navales armées comprennent deux escadres et trois divisions.

1re escadre, dite des côtes du Japon : cinq croiseurs

cuirassés, trois croiseurs protégés et quatre contre-torpilleurs.

2ᵉ *escadre :* deux cuirassés, un croiseur cuirassé, un croiseur protégé, un aviso-torpilleur, quatre contre-torpilleurs.

Division de la Chine du Sud : deux croiseurs protégés, deux canonnières.

Division École des aspirants : trois croiseurs protégés.

Division École des aspirants mécaniciens : deux croiseurs protégés.

Trois stationnaires.

Tous les autres bâtiments sont en réserve.

Programme de constructions.

Cuirassés. — Des quatre cuirassés lancés en 1905 et 1906 (*Katori*, *Kashima*, *Satsuma*, *Aki*) les deux premiers sont en service depuis mai 1906, le *Satsuma* devait être prêt au printemps de 1908, l'*Aki* en 1909. Le cuirassé en projet, de 21,000 tonnes, doit être livré en 1910.

Croiseurs cuirassés. — Des quatre croiseurs cuirassés lancés en 1905 et 1906, le dernier seul, l'*Ibuki* (14,600 tonnes), n'est pas complètement prêt. Il le sera à la fin de 1908.

Programme de 1907. — Les Chambres ont voté une somme de 201 millions, répartie en sept ans et destinée aux constructions neuves pour remplacer les unités vieillies. Cette somme serait destinée à la construction de deux cuirassés, un croiseur cuirassé, deux croiseurs de 2ᵉ classe, cinq contre-torpilleurs, deux sous-marins.

D'après des renseignements fournis par la presse, le programme serait élargi et on construirait trois croiseurs de 2ᵉ classe au lieu de deux, dix contre-torpilleurs au lieu de cinq, de plus, six torpilleurs.

Les deux cuirassés doivent être mis en chantier au

commencement de 1908. Ils doivent avoir un déplacement de 20,000 tonnes.

D'après d'autres renseignements, le programme naval exclut complètement les croiseurs, les garde-côtes, les avisos et canonnières qui, d'après des expériences récentes, sont considérés comme sans utilité. On construirait uniquement des cuirassés de 20,000 tonnes, des croiseurs cuirassés, des destroyers et des torpilleurs. Les croiseurs cuirassés ne seraient pas beaucoup inférieurs aux cuirassés, comme armement et déplacement; ils auraient 18,500 tonnes. La mission des petits croiseurs serait remplie par les destroyers.

CHAPITRE VI

Budget. — Finances.

Le budget de l'Empire japonais pour l'exercice 1907-1908 doit s'équilibrer de la façon suivante :

Budget des recettes (recettes ordinaires et recettes extraordinaires) 1,541,138,257 francs, en augmentation de 278,732,135 francs par rapport à l'exercice 1906-1907.

Budget des dépenses (dépenses ordinaires et dépenses extraordinaires) 1,541,102,617 francs, en augmentation de 278,696,395 francs par rapport à l'exercice 1906-1907.

Les dépenses militaires se répartissent de la façon suivante :

Ministère de la guerre.

		Augmentation par rapport à l'exercice 1906-1907.
Dépenses ordinaires .... fr.	134,159,470	8,008,510
Dépenses extraordinaires	144,883,380	140,691,595
TOTAL	279,042,850	148,700,105

Ministère de la marine.

Dépenses ordinaires .... fr.	83,536,737	11,251,555
Dépenses extraordinaires	122,668,810	83,435,072
TOTAL	206,205,547	94,686,627
TOTAL des dépenses militaires..	485,248,397	243,386,732

Le Parlement a voté au printemps de 1907 une somme de 442 millions de francs, à répartir en principe dans onze annuités, pour la réorganisation et l'augmentation de l'armée.

FINANCES JAPONAISES

REVENUS en Millions de francs

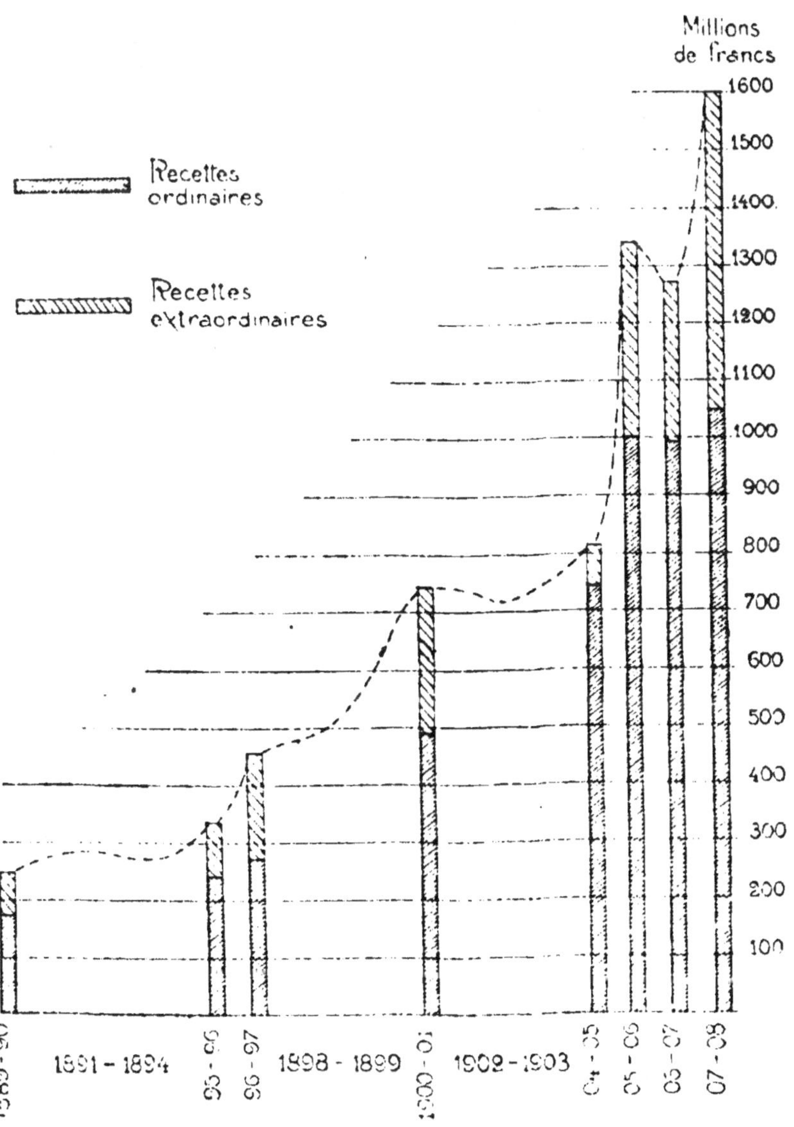

D'après le *Statesmans' year book*, le total des dépenses de la guerre de Mandchourie a atteint 4 milliards 950 millions.

Le projet de budget pour l'année 1908-1909, projet remis aux membres des deux Chambres japonaises, le 17 janvier 1908, se décompose comme il suit :

Budget des recettes : 1,527,600,000 francs, en diminution de 13,538,257 francs sur les recettes de 1907-1908.

Budget des dépenses : 1,539,895,747 fr. 5, en diminution de 1,206,869 fr. 5 sur les dépenses de 1907-1908.

Le total des dépenses excède le total des recettes d'environ 12,300,000 francs, cette somme sera demandée à une augmentation de taxes dans un budget supplémentaire.

D'ailleurs on prévoit que l'on pourra reporter au budget de 1908-1909 un excédent disponible de 82,500,000 francs du budget précédent.

Les dépenses militaires se répartissent de la façon suivante :

Ministère de la guerre.

Dépenses ordinaires	fr.	175,524,447 5
Dépenses extraordinaires		97,017,438
TOTAL		272,541,935 5

en diminution de 6,500,914 fr. 5 par rapport à l'exercice 1907-1908.

Ministère de la marine.

Dépenses ordinaires	fr.	87,026,842 5
Dépenses extraordinaires		115,345,310
TOTAL		202,372,152 5

en diminution de 3,833,394 fr. 5 par rapport à l'exercice 1907-1908.

Le total des dépenses militaires est de 474,914,088 francs, en diminution de 10,334,309 francs par rapport à l'exercice 1907-1908.

Le gouvernement a consenti des réductions importantes sur les dépenses prévues pour les six années qui suivront l'année 1907. Les réductions affectent surtout les Départements de la guerre, de la marine, puis celui des communications. Le total des réductions doit atteindre 250 millions de francs, en six années.

Pour cette année, les réductions consenties atteignent un total de 29,428,992 francs, dont 7,682,477 francs pour l'armée et 12,419,927 francs pour la marine.

Le budget prévoit une augmentation de taxes sur le saké, l'alcool, le sucre, etc. En résumé, le projet de budget pour l'année 1908-1909 s'équilibre difficilement et seulement grâce à de sérieuses réductions consenties par les divers départements et à des augmentations de taxes.

Ce projet de budget a donné lieu à de graves discussions dans les milieux officiels japonais. Ces dissentiments ont eu pour effet une crise ministérielle partielle, à la fin de l'année 1907, par suite de la retraite du Ministre des finances, et du Ministre des communications. Il a été généralement attaqué par la presse étrangère qui lui a donné le nom de « budget militaire ».

La presse officieuse japonaise répond en faisant remarquer qu'il s'agit de mener à bien, non pas un programme offensif, mais un programme *post bellum* de réorganisation de l'armée, que ce programme atteint son maximum en 1908, que l'effort à produire n'est que temporaire et qu'à partir de 1913 il devient insignifiant.

D'autre part, le Ministre de la guerre, général Teraoutchi, ayant à défendre son projet de budget devant le Parlement, a prononcé dans le courant de février 1908, un important discours d'où il convient d'extraire les passages suivants :

« Je suis profondément convaincu qu'un conflit entre
« de grandes puissances aura lieu non en Europe, mais
« à l'Est de l'Inde, et à l'Ouest ou au Nord du Japon.

FINANCES JAPONAISES

DÉPENSES en Millions de francs

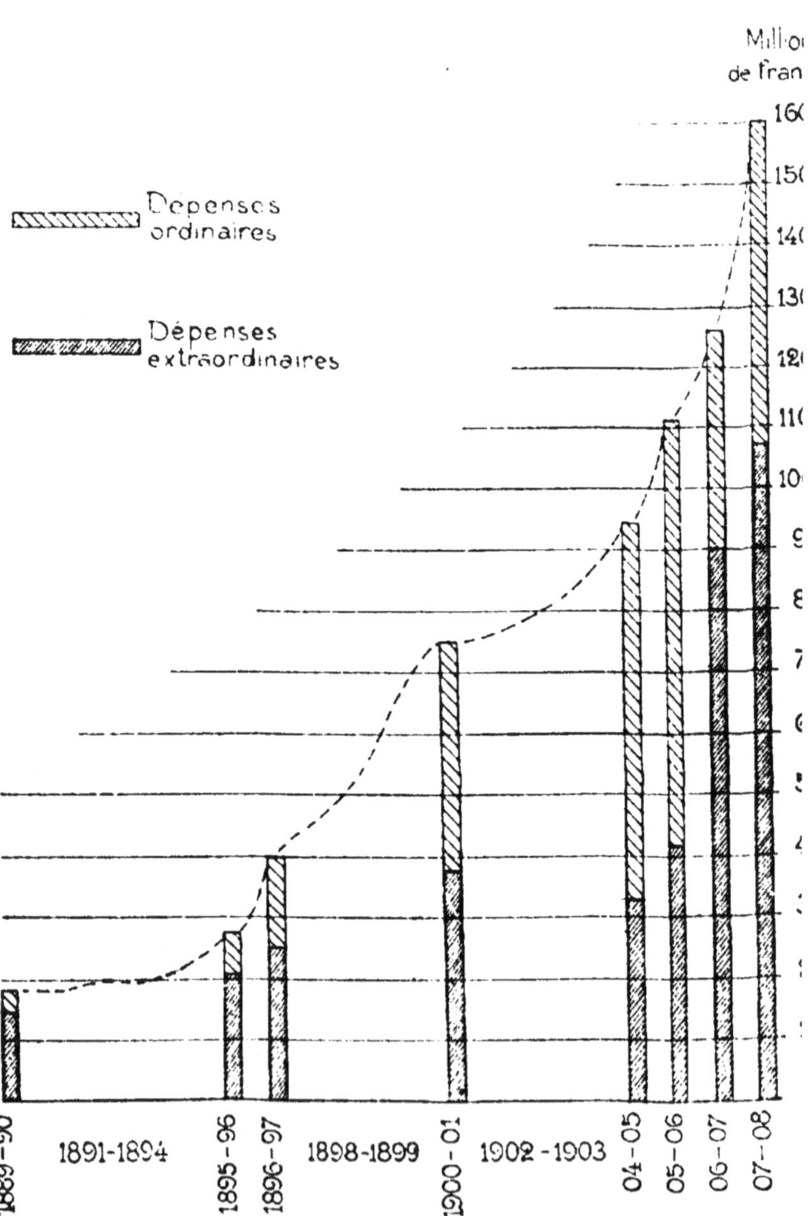

« Conviendra-t-il au peuple japonais de rester specta- « teur impuissant en présence de pareilles éventualités ?

« En ce qui concerne les troupes d'occupation de « Mandchourie, j'affirme que nous renfermer dans nos « limites actuelles serait l'équivalent pour nous d'une « évacuation. »

Pour faire face aux éventualités qu'il envisage, le Ministre demande la formation de trois nouvelles divisions. Nous ne savons si ces trois divisions sont indépendantes des deux divisions dont la création avait été décidée dans le cours de l'année 1907 (17e et 18e divisions) ou si ce chiffre comprend ces deux dernières divisions.

Aperçu sommaire de l'état des finances japonaises (1).

Les finances ne sont pas encore revenues aux conditions normales du temps de paix.

Les plus importantes parmi les dépenses connexes avec la guerre comprenaient, pour 1906-1907 :

Pour le service des emprunts............... fr.	284,237,726
Pensions annuelles militaires et navales..........	82,687,338
Entretien des troupes stationnées en Mandchourie et Corée, réfection des armes et bâtiments de guerre perdus, etc........................	204,131,365

A cela il faut ajouter une dépense supplémentaire de 1,162,790,698 francs, tirée des fonds spéciaux pour dépenses extraordinaires (frais de rapatriement des armées engagées, récompenses de services exceptionnels, etc.). Il a été établi, en 1907, un fonds d'amortissement. Pour faire face aux dépenses relatives aux affaires connexes avec la guerre, une loi a déclaré permanentes les taxes militaires qui avaient été imposées à

(1) Renseignements tirés de l'Annuaire financier et économique du Japon pour 1907, publié par le Ministère des finances.

titre extraordinaire, et qui devront être abolies à la fin de l'année suivant celle de la restauration de la paix.

Les dépenses relatives aux intérêts des dettes et emprunts représentent, pour l'exercice 1907-1908, 415,256,602 francs, en augmentation de 37,297,817 francs sur l'exercice de l'année 1906-1907.

Le service des récompenses et pensions représente : 107,501,515 francs, en augmentation de 6,794,917 francs sur l'année 1906-1907.

A la fin de l'exercice 1904-1905, le total de la dette japonaise non remboursée atteignait 5,447,418,882 francs, soit :

Emprunts intérieurs	fr.	2,591,741,382
Emprunts étrangers		2,855,677,500

Il y avait en plus 55,000,000 de francs d'emprunts temporaires encore non remboursés.

Situation économique du Japon au commencement de 1908 (1). — Le Japon se trouve actuellement aux prises avec deux graves problèmes, le problème financier et le problème de la main-d'œuvre.

Au début de la dernière guerre, le gouvernement inaugura un système de taxes de guerre extraordinaires. Tout fut taxé ; on développa le système des monopoles d'État. Le prix de la vie augmenta dans des proportions considérables, mais le peuple japonais, dans un élan de patriotisme, supportait ces charges avec joie. Ces taxes durent encore, et il est question de les augmenter.

La réserve d'or est épuisée. La nationalisation des chemins de fer a ajouté aux embarras financiers. Le marché européen se ferme ; le 5 p. 100 chinois est à 103, le 5 p. 100 japonais est à 97. Les dépenses de l'État atteignent une moyenne de 32 fr. 50 par habitant et par an.

---

(1) Renseignements extraits de la *China Gazette*, 13 décembre 1907.

Par contre, les salaires sont à un taux extrêmement bas. Les ouvriers d'art reçoivent de 1 franc à 1 fr. 50 par jour. Un ouvrier agricole reçoit 80 francs par an, sa femme, 50 francs. Le travail des enfants et des femmes, aucunement protégé par la loi, est écrasant, et les salaires moyens ne dépassent pas de 0 fr. 25 à 0 fr. 45 pour un travail journalier de 14 heures. Aussi la misère est-elle grande; les grèves se développent; les banques se ferment. La crise américaine a amené un grand ralentissement des exportations et, à la fin de l'année 1907, il y avait à Yokohama 40,000 balles de soie non vendues (à 3,000 francs la balle).

Tel est le tableau assez sombre que fait, de la situation économique du Japon au commencement de 1908, un journal important d'Extrême-Orient — souvent, il est vrai, peu favorable aux Japonais. Il a semblé que ces renseignements, quoique d'ordre peu militaire, pouvaient avoir leur intérêt néanmoins, car actuellement, dans une grande nation, tout est intimement lié, et tout programme militaire ou naval doit avoir forcément comme base, des faits d'ordre économique et financier. La situation du Japon, à ce double point de vue, doit évidemment donner à réfléchir. Mais il ne faut rien exagérer. Le développement inouï qu'ont pris la navigation, le commerce et l'industrie de cet empire depuis quelques années, a rendu le pays capable de supporter ces charges, si écrasantes qu'elles puissent paraître, et il n'est pas douteux que le Japon n'arrive à surmonter les difficultés présentes. En tout cas, il y a tout à espérer d'une nation où la fierté patriotique, l'amour du pays, le sacrifice de l'individu à la collectivité, le dévouement aux institutions sont encore des dogmes indiscutés qui suscitèrent tout récemment encore tant d'actes héroïques et glorieux.

BUDGET POUR L'EXERCICE 1908-1909

Le budget général pour l'exercice 1908-1909 a été voté par la Chambre des Représentants tel qu'il avait été présenté par le Gouvernement. Il le sera prochainement par la Chambre des Pairs et, selon toutes probabilités, aussi sans changements.

Ses grandes lignes sont les suivantes :

Recettes ordinaires (2)................	470,590,000 yen (1)
Recettes extraordinaires (3)............	140,450,000
Total des recettes (4)........	611,040,000 yen.
Dépenses ordinaires (5)...............	426,910,000 yen.
Dépenses extraordinaires (6)...........	189,040,000
Total des dépenses (7)........	615,950,000 yen.

d'où il ressort que l'excès des dépenses sur les recettes est de 4,910,000 yen.

Pour obtenir l'équilibre on aura recours à un accroissement de taxes (sur le saké, le tabac, le sucre et le pétrole) qui donnera une augmentation prévue de 5,000,000 yen.

Le budget ordinaire de la guerre s'élève à 70,209,779 yen en excédent de 15,545,991 yen sur l'exercice 1907-1908. Celui de la marine atteint 34,810,737 yen, ne dépassant le précédent que de 1,366.042 yen.

Le budget extraordinaire de la guerre est de 37,206,994 au lieu de

---

(1) Le yen = 2 fr. 59 environ.

(2) 424,285,601	yen en 1907-1908	et 398,852,459	en 1906-1907.
(3) 192,159,742	—	et 106,110,030	—
(4) 616,455,343	—	et 504,962,489	—
(5) 412,279,316	—	et 361,443,451	—
(6) 204,161,731	—	et 143,519,038	—
(7) 616,441,047	—	et 504,962,489	—

57,955,380 yen en 1907-1908, soit une diminution de 20,746,386 yen. Celui de la marine est de 46,138,124, en réduction de 2,929,400 yen.

L'accroissement des dépenses ordinaires de la guerre et la diminution correspondante des dépenses extraordinaires proviennent, pour la plus grande partie, du fait que les sommes afférentes à l'entretien des garnisons de Mandchourie, de Corée, de Saghalien passent, pour l'exercice 1908-1909, du budget extraordinaire au budget ordinaire.

A ce dernier, 4,135,157 yen représentent les dépenses nouvelles occasionnées par la mise en vigueur du service de deux ans et 404,215 yen celles nécessitées par l'augmentation de la gendarmerie en Corée, dont l'effectif va être porté, progressivement, de 800 à 2,500 hommes.

Un tableau A ci-après, donne pour le Département de la Guerre le détail explicatif des dépenses ordinaires et extraordinaires.

On sait que l'année dernière la Diète avait approuvé un programme de dépenses militaires extraordinaires (expansion de l'armée, réfection du matériel, etc.....) s'élevant à une somme totale de 169,987,544 yen, qui devait être répartie sur les onze prochains exercices (1907 à 1918) : voir le tableau B ci-après.

Vu l'état présent de la situation financière du Japon, on a dû remanier ce programme et les trois prochains exercices vont être déchargés d'une somme globale de 37,773,901 yen, qui sera répartie entre les cinq années suivantes, en addition aux dépenses antérieurement prévues pour ces dernières (se reporter pour les détails au tableau C).

Le compte spécial de la dernière guerre se monte, en recettes, à 1,720 millions de yen. Il avait eu, au 21 mars 1907, à supporter 1,508 millions de dépenses, d'où un reliquat de 212 millions. Sur cette somme 100 millions ont été englobés dans le budget général de 1907-1908 et 63,540,000 yen ont été affectés à des dépenses relatives à la guerre. Le reste, près de 50,000,000 yen est — sans toutefois paraître aux recettes extraordinaires de l'exercice prochain — réservé, en sa plus grande partie, pour faire face aux dépenses des arsenaux et de la fabrique militaire de drap, évaluées, en 1908-1909 à près de 43,000,000 yen. Ces dernières forment un compte spécial.

Les dépenses ordinaires du Département de la Guerre s'élevaient pour le dernier budget (1903-1904) avant la guerre à 39,355,388 yen. Le budget prochain accuse donc sur cette époque une augmentation d'environ 31 millions de dépenses ordinaires, ce qui n'est pas exagéré, si on considère qu'à peu près 11 millions se rapportent aux nouvelles garnisons du continent et que, d'autre part, l'armée a été augmentée de 6 divisions et d'unités supplémentaires diverses, soit un accroissement effectif d'un tiers.

Pour la partie non afférente au changement de catégorie des dépenses relatives aux troupes du continent, la réduction des dépenses extraordinaires portera principalement sur la réfection de l'armement et la reconstitution des approvisionnements. On vient d'annoncer officiellement l'intention de restreindre le plus possible les commandes à l'étranger de matériel de guerre et d'exécuter au Japon même tous les travaux. Si des retards en résultent, l'inconvénient ne sera pas grand, puisque les arsenaux nippons, comme l'industrie nationale, se développant graduellement, à tout délai correspond une augmentation de leur puissance productive.

Le *total global* des dépenses militaires du Japon, pour l'exercice 1908-1909 s'élève à *150,613,709 yen* soit environ 380 millions de francs.

Tableau A. — Budget de l'exercice 1908-1909.

A. — Dépenses ordinaires.

Bureaux, états-majors, établissements et écoles (sauf ceux de Corée, de Mandchourie, de Formose et de Saghalien) :

	Yen.
Ministère de la Guerre	330,407
État-major général	478,891
Direction de l'instruction militaire	105,587
Conseil supérieur de la guerre	63,097
Autres bureaux et états-majors	822,255
Service de la remonte	468,129
Écoles	2,403,378
Magasins du service de santé, de l'intendance, etc.	2,548,784
Hôpitaux, Établissement des invalides	843,915
Service des transports	1,249,381
Prisons militaires	151,279
Bureaux de recrutement	721,515
Maison militaire de l'Empereur et des princes, etc.	47,872
Officiers en missions à l'étranger	157,095
Totaux	11,391,375

Troupes (sauf celles de Corée, de Mandchourie, de Formose et de Saghalien) :

Commandements de division	2,525,285
Commandements de brigade d'infanterie	255,771
Commandements de brigade de cavalerie	12,380
Commandements de brigade d'artillerie de campagne	20,130
Commandements de brigade d'artillerie lourde	14,016
Commandements de brigade de troupes de communications	8,979
Infanterie	21,265,683
Cavalerie	4,382,933
Artillerie de campagne	6,361,218
Artillerie de montagne	761,844
Artillerie lourde (de campagne et de forteresse)	2,181,249
Génie	1,700,132

	Yen.
Sapeurs de chemins de fer	350,143
Sapeurs télégraphistes	202,807
Aérostiers	53,249
Train des équipages	2,524,586
Troupes spéciales à l'île de Tsushima, etc	90,146
Musiques militaires	26,522
Gendarmerie	573,456
Compagnie de discipline	18,365
TOTAL	45,677,927

Mandchourie.

Bureaux, états-majors et établissements	1,483,233
Troupes	2,404,798
Gardes de chemins de fer	1,654,928
TOTAL	5,542,959

Corée.

Bureaux, états-majors et établissements	1,580,817
Troupes	3,350,244
TOTAL	4,931,061

Formose.

Bureaux, états-majors et établissements	670,717
Troupes	1,700,958
TOTAL	2,371,675

Saghalien.

Bureaux, états-majors et établissements	65,813
Troupes	221,419
TOTAL	287,232
TOTAL GÉNÉRAL	70,202,229
Temple de Yasukuni (où sont déposées les tablettes des soldats morts pour la patrie)	7,550
Ensemble des dépenses ordinaires du budget de la guerre	70,209,779

Ces dépenses ordinaires peuvent se détailler également comme il suit :

Troupes, bureaux, états-majors, écoles, établissements (sauf la gendarmerie) :

	Yen.
Solde proprement dite	16,673,899
Allocations supplémentaires	1,012,874
Récompenses, etc.	4,788
Nourriture	20.885,316
Armes et munitions	5,861,609
Habillement et équipement	8,028,856
Remonte	1,819,273
Manœuvres	1,817,591
Fournitures diverses (charbon, eau, ameublement, réparations, etc.)	1,933,668
Traitement des malades	647,597
Hôpital des invalides	65,015
Frais de bureaux	1,297,035
Réparations aux casernements	1,265,207
Frais de route	3,148,399
Transports de troupes et de matériel	1,780,866
Dépenses diverses	1,612,880
Justice militaire	2,620
Voyages à l'étranger	118,568
Prisons militaires	63.343
Service cartographique	6.545
Maison de l'Empereur	631
Gendarmerie	1,836,299
Dépenses secrètes	319,300
Temple de Yasukuni	7,550
TOTAL GÉNÉRAL	70,209,779

Elles peuvent aussi se totaliser comme ci-après :

Bureaux, états-majors et établissements	12,520,723
Troupes	55,010,274
Écoles	2,403,373
Divers	275,404
TOTAL GÉNÉRAL	70,209,779

B. — Dépenses extraordinaires.

Fortifications :

Défenses de la baie de Tokyo 562,300
(sur un total de 2,259,200 yen de dépense prévue, échelonné jusqu'en 1911).

Casernements :	Yen.
Achats de terrain	2,223,671
(sur un total de 3,464,133 yen échelonné jusqu'en 1909).	
Construction de casernes	24,340,124
(sur un total de 32,994,300 yen échelonné jusqu'en 1912).	
Construction de magasins, dépôts, etc.	1,420,321
(sur un total de 5,328,002 yen échelonné jusqu'en 1910).	
Réparations aux anciens casernements	317,521
Réfection et réparations de l'armement	1,700,329
(sur un total de 48,408,195 yen échelonné jusqu'en 1914).	
Approvisionnements en armes, vivres, équipement, etc.	5,230,748
(sur un total de 40,747,291 yen échelonné jusqu'en 1917).	
Réparations et remplacement de matériel à la suite de la guerre	838,286
Frais de répression de l'insurrection à Formose	30,000
Service cartographique	382,173
Récompenses et gratifications	2,025
Officiers étrangers (aux grandes manœuvres)	26,589
Section historique et de statistique	132,227
(sur un total de 612,184 yen, pour l'histoire de la guerre russo-japonaise, échelonné jusqu'en 1912).	
TOTAL	37.205,994

C. — Budget spécial des arsenaux et fabriques militaires.

Arsenal de Tokyo	21,221,264
Arsenal d'Osaka	[illegible],761.787
Fabrique de drap de Senju	6,013,885
TOTAL	42,996,936

(L'année dernière ce budget spécial s'était élevé à 52,000,000 yen).

D. — Budget supplémentaire (soumis à la Diète le 15 février 1908).

Gendarmerie de Corée (accroissement de la)	200,000

Le *total global des dépenses militaires* du Japon (dépenses ordinaires, extraordinaires, des arsenaux et supplémentaires) s'élève donc, pour l'exercice 1908-1909, à 150,613,709 yen.

TABLEAU B. — **Programme de 1907 pour les dépenses militaires extraordinaires.**
(Expansion de l'armée, réfection du matériel, etc.)

	1907.	1908.	1909.	1910.	1911.	1912.	1913.	1914.	1915.	1916.	1917.	TOTAUX (en yen).
Expansion de l'armée (formations nouvelles).												
Casernements	20,903,434	26,758,368	8,497,849	910,544	400,006	»						57,469,865
Armement et munitions	6,444,582	3,843,577	6,331,080	4,258,487	3,004,621	3,004,621	650,200	650,200	650,200	650,200	650,200	30,137,668
Équipement	3,567,733	2,497,492	568,642	1,074,487	1,094,827	1,751,753	1,431,841	1,206,065	1,162,090	1,155,443	1,949,301	47,446,354
Vivres	58,601	44,776	42,543	31,960	31,960	31,960	31,960	31,960	31,960	31,960	31,960	374,570
Remonte	488,290	204,625	203,797	46,847	49,467	9,627	9,627					984,629
Instruments, livres, cartes, etc.	1,669,646	4,064,795	260,476	119,027	79,478	81,998	78,878	78,878	78,878	78,878	78,878	3,667,510
Direction de la construction des nouveaux casernements	471,422	456,901	443,611	96,628	81,960	84,723			»			735,245
TOTAUX	33,294,117	34,567,534	12,717,968	6,534,650	4,744,743	4,954,682	2,202,456	1,967,093	1,923,428	1,916,481	2,710,339	110,599,841
Dépenses diverses												
Réparation et réfection de l'armement	3,486,523	2,000,320	16,515,495	16,647,290	13,247,072	»						51,894,718
Magasins, dépôts et arsenaux (1)	1,534,526	1,120,321	2,840,762	1,056,919	»							6,842,528
Historique de la guerre et documents statistiques	138,273	132,907	133,093	132,593	101,389	112,202					»	751,457
TOTAUX	5,159,322	3,253,557	19,497,350	17,836,841	13,348,461	112,202						59,487,703
TOTAUX GÉNÉRAUX	38,453,439	38,421,091	32,215,313	24,374,461	18,060,474	5,066,884	2,202,456	1,967,093	1,923,428	1,916,481	2,710,339	169,987,544

(1) Constructions neuves.

TABLEAU C. **Modifications apportées, en 1908, au programme d'ensemble de 1907 pour les dépenses militaires extraordinaires.**

	1908.	1909.	1910.	1911.	1912.	1913.	1914.	1915.	1916.	1917.	TOTAUX (en yen).
Expansion de l'armée (nouvelles formations).											
Achats de terrain	2,223,674	1,250,462			»						3,464,137
Casernements (1)	24,340,121	7,080,054	1,007,442	481,960	84,723						32,995,300
Armes, vivres, équipements, remonte	5,230,748	2,133,031	972,787	7,729,753	8,069,959	5,756,557	4,021,544	2,496,449	1,916,481	2,710,339	40,747,291
TOTAUX	31,794,543	10,463,547	1,980,229	8,211,713	8,154,682	5,756,557	4,021,544	2,496,449	1,916,481	2,710,339	77,205,724
Dépenses diverses.											
Réparation et réfection de l'armement	1,700,329	7,067,916	1,201,720	23,247,072	6,800,000	5,391,458	3,000,000				48,468,495
Magasins, dépôts et arsenaux (2)	1,420,321	2,850,762	1,056,919	»	»						5,328,002
Historique de la guerre et statistique	132,907	133,093	132,593	101,389	112,202						612,484
TOTAUX	3,253,557	10,051,771	2,391,232	23,348,461	6,912,202	5,391,458	3,000,000				54,348,381
TOTAUX GÉNÉRAUX	35,048,100	20,515,318	3,371,461	31,560,474	15,066,884	11,147,715	7,021,544	2,496,449	1,916,481	2,710,339	131,554,105
Totaux généraux du programme de 1907	38,421,091	35,215,318	24,371,461	18,060,474	5,066,884	2,202,436	1,967,093	1,923,428	1,916,481	2,710,339	131,554,105
DIFFÉRENCES	−3,072,991	−14,700,000	−20,000,000	+13,500,000	+10,000,000	+ 8,945,579	+ 5,054,421	+ 272,991			
		− 37,772,991				+ 37,772,991					

(1) Y compris la direction de la construction. (2) Constructions neuves.

PARIS. — IMPRIMERIE R. CHAPELOT ET Cie, RUE CHRISTINE, 2.

www.ingramcontent.com/pod-product-compliance
Lightning Source LLC
LaVergne TN
LVHW020405230826
846091LV00003B/1150

* 9 7 8 2 0 1 2 8 6 2 8 4 5 *